TRAJETÓRIAS DO AFRICANO EM TERRITÓRIO BRASILEIRO

Natanael dos Santos

Professor, Historiador, Pesquisador, Autor, Escritor, Ator, Diretor Artístico e Palestrante. Desenvolve trabalhos de pesquisa no campo da historiografia africana (em teses de mestrado e doutorado) desde 1983. É membro fundador e coordenador de pesquisas do Núcleo de Estudos Afro-Brasileiros da Universidade de Campinas (UNICAMP), membro atuante do Núcleo de Estudos sobre Preconceitos e Intolerância e membro fundador do NIGERIA – Núcleo de Identidade, Gênero e Relações Étnico-Raciais (Universidade Feevale de Novo Hamburgo/RS). Colaborador da Associação Liberdade de Teatro, Canto e Dança, é ainda Diretor da Editora Baobá, Autor e Escritor de livros didáticos e paradidáticos: MINHA ÁFRICA BRASILEIRA – Educação e Diversidade, NVULA IBUA KU DIULU – Cai chuva lá do céu, S.O.S SURURU NA SAVANA (Coleção Africanidade e Acessibilidade para Todos, que contém material didático e paradidático com dispositivo de tecnologia digital [caneta falante] para cegos e deficientes cognitivos) e COLEÇÃO JOÃO DE BARRO (PNDE Campo) – Livros Didáticos do 1º ao 5º ano. Participou da FLIT – Feira Literária Internacional de Tocantins/TO – e foi indicado ao "Prêmio WSA" (World Summit Award – premiação global que seleciona e promove os melhores e mais inovadores conteúdos digitais do mundo). Palestrou no Programa Diversidade na Universidade "Projetos Inovadores de Cursos (PIC)" do MEC, para implantação da Lei 10.639/2003. Reconhecido nacionalmente como Mestre Griô, é ainda membro consultor da Comissão de Igualdade da Ordem dos Advogados do Brasil (Seção São Paulo) e Coordenador do Núcleo de Direitos Humanos e Cidadania na Faculdade Zumbi dos Palmares/SP.

1ª Edição
Cosmópolis – 2018

Pesquisa:
Natanael dos Santos
Sonia Maria Teixeira

Adaptação:
Patrícia Nascimento
Secretária do Projeto:
Sônia Maria Teixeira

Secretária do Projeto:
Sônia Maria Teixeira

Produção:
Angela Resta

Capa:
Kátia Borba

Ilustração:
Nanuko

Copidesque:
Patrícia Nascimento

Revisão:
Patrícia Nascimento

Diagramação:
Kátia Borba

Supervisão Editorial:
[Editora]

Editoração Gráfica:
Kátia Borba

Dados Internacionais de Catalogação na Publicação (CIP)
Câmara Brasileira do Livro, SP, Brasil

SANTOS, Natanael dos
   TRAJETÓRIAS DO AFRICANO EM TERRITÓRIO BRASILEIRO / Natanael dos Santos. — 1ª. Ed. — Cosmópolis : Editora Baobá, 2018.

   Bibliografia.
   ISBN: 978.65.801090.0.5

   Conteúdo: Os grandes Impérios Africanos e suas contribuições — Identidade Racial — Contribuições africanas para a sociedade — Herança cultural negra e racismo — Fatos históricos afro-brasileiros — A chegada do cigano no Brasil — A África atual — Grandes personagens Afro-brasileiros — A educação e as relações étnico-raciais.

Índice para catálogo sistemático:
1. Africanos no Brasil e suas tecnologias : Espaço geográfico : História

   978.65.801090.0.5

Reprodução proibida.
Art. 184 do Código Penal e Lei 9.610 de fevereiro de 1998.
Todos os direitos reservados.

Rua Benedito Grassi, 80, Bairro 1° de Maio – Cosmópolis/SP
CEP: 13.155-528 – Fone: (19) 3812-6656

SUMÁRIO

Unidade 1 – O Continente Africano dos grandes impérios 8

Os grandes impérios africanos 9
1. Mali 9
2. Nigéria 10
3. Etiópia 11
4. Egito 12
5. Gana 14
6. Senegal 15
7. Congo 15

Unidade 2 – Identidade Racial 17

Conhecendo a história dos povos africanos 18
1. África, lugar das primeiras escritas 18
2. O sistema de escrita etíope 20
3. O solo fértil do Egito e a produção de papiro 22
4. O papiro 23
5. Navios e embarcações: egípcios, os pioneiros dessas invenções 24
6. Astronomia africana 26
7. A matemática africana 28
8. O conhecimento médico 29

UNIDADE 3 – Contribuições africanas para a sociedade colonial brasileira — 30

Conhecendo as contribuições africanas 31
1. A técnica de plantação bantu 31
2. A metalurgia bantu 32
3. O comércio bantu 32
4. Tráfico de negros africanos 33
5. A chegada dos escravos nos portos brasileiros 34
6. A sabedoria africana no cultivo da cana-de-açúcar 36
7. A mineração no Brasil 37
8. Plantas medicinais africanas 37
9. Cultura sistemática de mandioca pelos africanos 49
10. História da capoeira 41
11. Rainha Nzinga 43

UNIDADE 4 – Herança cultural negra e racismo — 44

A influência cultural negra 45
1. Biótipo 45
2. Anemia falciforme 49
3. Papas negros 50
4. Religiões afro-brasileiras 51
5. A Frente Negra Brasileira 53
6. A cultura africana no cotidiano brasileiro 55

7. O racismo 61
8. Racismo é crime inafiançável e imprescritível (Art. 5ª, XLII, CF) 62

UNIDADE 5 - Fatos históricos afro-brasileiros — 63

Calendário..64
1. Calendário de fatos históricos e marcos culturais afro-brasileiros 64

UNIDADE 6 - A chegada do cigano no Brasil — 78

1. A chegada do cigano no Brasil 79
2. Curiosidade ou lenda? 80
3. População cigana no Brasil 81
4. Ciganos no Brasil do século XVII e XVIII 82
5. Distribuição e venda de escravos pelos ciganos 83
6. A contribuição dos ciganos na política e na cultura................................. 84
7. Quiromantes 85

UNIDADE 7 - A África atual — 86

O continente africano hoje 87
1. Regiões africanas 87
2. O norte da África 89
3. A África Subsaariana 91
4. A África do Sul.. 93

5. A África do Sul no BRICS 95

6. A África insurgente 96

UNIDADE 8 - Personagens afro-brasileiros — 98

1. Luiz Gama – O precursor do abolicionismo no Brasil 99
2. Francisco Gê Acayaba de Montezuma 108
3. Teodoro Fernandes Sampaio 109
4. Raimundo Nina Rodrigues 110
5. Juliano Moreira 125
6. Antonieta de Barros 126
7. Abdias do Nascimento 127
8. Milton Santos 128
9. Benedita da Silva – Benê 129

UNIDADE 9 - A educação e as relações étnico-raciais — 130

1. Referência sobre a educação para relações étnico-raciais 131
2. Questões étnicas no cotidiano escolar 133
3. Superação étnico-racial nas escolas 135

Referências Bibliográficas — 137

Planos Pedagógicos — 140

Apresentação

As marcas das experiências dos povos do continente africano são narrativas tecidas, muitas vezes, com os fios da escravidão e do sofrimento nos quais homens e mulheres, apartados do seu território, se expuseram a tantos lugares e circunstâncias desumanas. Essas vivências marcaram o povo afro-brasileiro e são retratadas (em grande parte) nas páginas dos livros didáticos, de modo a relatar o açoite e o processo do trabalho escravo. Compreendemos que as influências dos africanos aqui escravizados são também tecidas pelos fatos e feitos que permeavam a cultura africana na qual o significado da palavra, do diálogo, da comunidade e do conhecimento são matrizes que consolidam essa cultura imbricada de valores humanos, éticos e estéticos.

Os negros escravizados eram poetas, músicos, dançarinos, estudiosos, mestres, conselheiros, sabedores da arte, da colheita e da mineração, entre tantos outros conhecimentos que se constituíam como uma unidade, na qual tudo era interdependente e interativo, como ciência da vida.

Nesse sentido, esta obra – intitulada **TRAJETÓRIAS DO AFRICANO EM TERRITÓRIO BRASILEIRO** – vem para descortinar os saberes e contribuição do povo africano, levando à compreensão a herança repleta de sabedoria que os nossos ancestrais nos deixaram por legado.

Regina Bruhns Rossini Andrade
Professora Mestre
Diretora de Divisão Pedagógica na DRE Pirituba/Jaraguá de São Paulo/SP

Unidade 1
O Continente Africano dos grandes impérios

Para conhecermos nossa história precisamos conhecer a origem do povo africano. É utópico dizer que a África é constituída apenas por animais-símbolo (como leões, girafas, zebras e elefantes) e tribos com homens negros nus em caçadas primitivas. Na verdade, o continente africano é soberano em grandes civilizações, mesmo antes da chamada Era Cristã.

Diversas sociedades africanas autônomas já existiam nesse continente e vivenciavam suas próprias histórias. Algumas sociedades pré-coloniais, sob o comando de chefes poderosos, ampliaram suas áreas de influência e dominaram outros povos transformando-se, então, em impérios e reinos prosperamente organizados, conforme relatos da época.

Ainda são poucas as informações sobre a história da África desse período, muito em função da antiga tradição oral e não documental. Embora tal conhecimento seja ainda limitado, é possível descrevermos as civilizações mais avançadas ao longo da história da humanidade. A partir daqui, conheceremos alguns dos grandes impérios do continente africano.

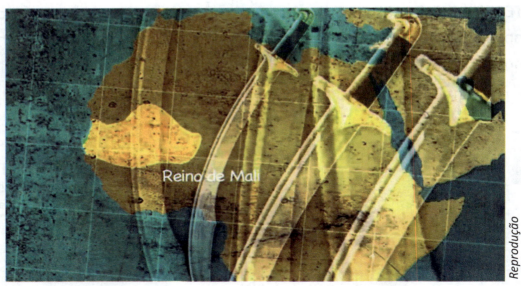

Os grandes impérios africanos e suas contribuições

1. Mali

Este império se estendia do Senegal ao Níger, e do Sul da Mauritânia à Mata Costeira, englobando as três maiores regiões mineradoras de ouro. A política da extração do ouro era caracterizada por um governo forte e sociedades baseadas nos parentescos, sem preocupação com a identidade étnica.

A civilização desses povos era avançada: os fundadores do Antigo Mali teriam sido caçadores reunidos em confrarias ligadas pelos mesmos ritos e pelas celebrações da religião tradicional. Eles conquistaram o Antigo Império de Gana em 1240 – um grande feito, legado de Sundiata Keita, que passou a ser conhecido como herói lendário e um grande fundador do império malinque. Ou seja, Mali tornou-se um dos mais imponentes reinos africanos por conta de seu esplendor comercial.

Sundiata Keita

A cidade de Tombuctu foi um desses grandes centros comerciais. Situado às margens do rio Níger (o terceiro maior rio da África), serviu de ponto de parada para as caravanas que atravessavam o deserto do Saara em busca do comércio de produtos africanos e orientais. Por Tombuctu circulavam sal e ouro das minas do Império Mali, além de tecidos, grãos, noz-de-cola das flores, peles, plumas, marfim e instrumentos de metal. Ao longo do século XIV, a cidade se transformou em um importante centro intelectual do mundo, reunindo cerca de 150 escolas com muitos estudantes oriundos de outras partes do território africano. Foi em Tombuctu, inclusive, que surgiu uma das primeiras universidades do mundo: Sankoré.

② Nigéria

A atual localização da Nigéria abrigou, na antiguidade, avançadas civilizações da África Ocidental – como os *Nok* (500 a 200 a.C). Com a região Norte tornando-se islâmica a partir do ano 1000, os *Kanem* dominaram as rotas comerciais por mais de 600 anos, prosperando através das rotas de comércio, juntamente com os bárbaros norte-africanos e o povo da floresta.

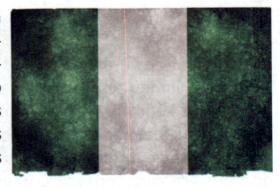

O comércio era baseado em produtos derivados das palmeiras (Sudeste), cacau, algodão e amendoim (Norte). Em 1890, uma construção de caminhos de ferro estimulou as minas de estanho e carvão, mas a importância primordial sempre foi agrícola. Essa nação buscou inspiração para seu nome – Nigéria – no rio Níger, cujo percurso inferior atravessa o país. A Nigéria é a nação mais populosa da África e uma das mais ricas, pois possui diversas jazidas de petróleo e gás natural, importantes depósitos de carvão, estanho e columbite, além de ser uma grande produtora de cauchu, cacau, amendoim, algodão, óleo de palma, palmiste, madeira e ferro.

A oposição ao governo britânico remonta aos primeiros tempos do imperialismo, que se fortaleceu e ganhou maior visibilidade em 1934, com a formação do Movimento da Juventude Nigeriana. Depois da Segunda Guerra Mundial, a atividade nacionalista aumentou espetacularmente como resultado do nascimento e apoio sindical, dos veteranos militares, habitantes urbanos e de um número crescente de líderes educados – entre eles Nnamdi Azikiwe, formado nos Estados Unidos, que se evidenciou entre todos eles e tornou-se o primeiro presidente da Nigéria. Embora sua concepção fosse nacional, o movimento independista foi obra das gentes do Sul – a escassa formação, o conservadorismo e a visão regionalista atrasaram a participação do Norte. Até por isso é curioso que o primeiro à chefia do governo nigeriano tenha sido Balewa, homem do Norte que se fez conhecer como crítico da diversidade da Nigéria e do governo primitivo autônomo.

Reprodução

③ Etiópia

País mais populoso do nordeste da África, a Etiópia é cercada por um maciço conjunto de montanhas e mesetas. Três conjuntos formam a paisagem do país: os planaltos do Oeste, os planaltos do Leste e o Vale do Rift (ou Rift africano, como é também chamado) – principal característica de relevo da região, trata-se de uma enorme falha geológica que divide o planalto etíope em duas seções. E apesar de ser cercada por uma rede de rios, a principal drenagem etíope se canaliza para a bacia do rio Nilo através dos rios Sobat, Nilo Azul e Tezke.

A história da Etiópia, para muitos estudiosos, seria uma das mais antigas do mundo. De acordo com descobertas recentes, a espécie *Homo Sapiens* seria originária dessa região (especialmente do Vale do Rift) e, a partir dali, teria se espalhado pelo mundo. Junto com os países vizinhos de Eritréia, Sudão, Djibouti, Somália e Somalilândia, esta região hospedou também o reino de *Axum*, cuja origem, por sua vez, remonta ao reino de Sabá (ou *Shebah*) – no Iêmen – onde, por volta de 1000 a.C se estendia, aparentemente, por todo o Chifre da África e parte da Península Arábica. Durante 2000 anos, este grande império teve alguma forma de existência nacional continuada.

No século 3 a.C, árabes e semitas estabeleceram um império no Nordeste convertido ao Cristianismo, cujo nome era *Aksumita*. A divergência religiosa entre cristãos e mulçumanos mergulhou a Etiópia numa anárquica fragmentação política. Mas o império etíope era tão avançado e estruturado que as jazidas de recursos minerais e de frutas tropicais já eram cultivadas.

A partir de 1600 o império desagregou-se em pequenos reinos, o que prolongou a desconcentração e a guerra civil.

④ Egito

Conhecido como a dádiva do Nilo (principal rio que corta e dá vida ao deserto do Egito), o país está localizado entre o Nordeste da África e o Oriente Médio. Ao longo de seus 6,4 km de terras férteis, floresceu uma civilização fascinante e poderosa. Os povos que lá se estabeleceram cultivaram cereais, como o trigo e a cevada. Além da produção do linho, a agricultura tornou-se a base econômica da nação que se formava. Plantavam também cebola, alho-poró, alho, alface, melancia, pepino, melão, grão-de-bico, lentilha, maçã, romã, azeitona, abacate e tâmara.

Rio Nilo

Nos dias de hoje, o rio Nilo ainda é importante para a história do Egito porque trata-se de uma das rotas fluviais mais movimentadas do planeta, através do Canal de Suez.

Essa grande civilização surgiu com o desenvolvimento das comunidades agrícolas rudimentares e autônomas, chamadas de *nomos* – evento que recebeu o nome de revolução urbana. Além disso, o Egito é também conhecido por suas monumentais pirâmides – Quéfren, Quéops e Miquerinos – localizadas na cidade de Gizé e consideradas uma das sete maravilhas do mundo antigo.

Os egípcios deixaram suas contribuições na escrita hieroglífica (que, com o passar do tempo, foi substituída por caracteres representando sílabas) e na medicina, com a prática da mumificação, o conhecimento de antibióticos e a prevenção de cáries.

Desenvolveram a matemática para as construções egípcias, diques e canais, celeiros e edifícios, templos e pirâmides; criaram ainda o relógio solar e dominaram o sistema de pesos e medidas.

5 Gana

Gana se estende do golfo da Guiné por cerca de 640 km para o interior e compreende uma estreita planície costeira que, através da faixa do bosque tropical, deriva para a savana do Norte. No período pré-colonial, extensas zonas do país passaram, muitas vezes, para o controle de Estados centralizados, como por exemplo o reino Gonja (no Norte) e os estados Achanti e Akwamu (no Sul).

Os primeiros contatos com nações ocidentalizadas ocorreram na costa. O governo colonial britânico surgiu dos contatos comerciais e acordos estabelecidos com os Estados Fante locais. No século XIX, a Grã-Bretanha foi alargando gradualmente sua influência e controle, comprando a parte de outras potências comerciais europeias e suprindo o tráfico para combater o poderoso Estado Achanti da zona meridional interior. A Grã-Bretanha anexou o território situado ao Sul do rio Pra em 1874, os territórios Setentrionais em 1900 e dominou os Achanti em 1902.

Durante o período do governo britânico, a colônia conheceu uma maior unidade. Os avanços que se produziram em todos os campos seguiram um caminho regular. De fato, todas as exportações – como minérios, madeiras e produtos agrícolas – precediam da terça parte meridional da colônia. A população do Norte só participou no desenvolvimento econômico emigrando para o Sul, para as plantações de cacau ou para as midas, e para trabalhar como jornaleiros. Como no resto da África, a economia baseava-se na produção e na extração de produtos primários, uma vez que o desenvolvimento industrial era escasso. Contudo, na altura de sua independência, Gana contava com uma dívida externa reduzida e grandes reservas estrangeiras.

Reprodução

6 Senegal

O Senegal está situado no extremo ocidente do continente africano e confina ao Norte e Noroeste com a Mauritânia, a Leste com o Mali e ao Sul com a Guiné e Guiné-Bissau; sua parte a Oeste é banhada pelo Oceano Atlântico. A partir deste, a República da Gâmbia introduziu-se em direção ao interior do Senegal – uma extravagante solução advinda das rivalidades europeias na colonização da África, das quais fora testemunha o século XIX.

Os rios Senegal, Gâmbia e Casamansa (em francês, *Casamance*) atravessam o país; destes, apenas o primeiro é navegável, embora tenha deixado de ter importância como via de comunicação. Os primeiros grupos étnico-linguísticos do Senegal compreendem o *Wolof* (quase 25% da população), além do *Serer*, *Fulani*, *Tukulor*, *Dyola* e *Malinqué* (mandinga). Deixando de lado os *Fulani*, em grande parte nômades, as povoações rurais eram compostas por agricultores sedentários.

O Senegal conta com cinco centros urbanos – Dacar (a capital), Saint-Louis, Rufisque, Thiès e Kaolack – e sua população é predominantemente muçulmana.

7 Congo

Saudações ao Manicongo. Fundado no século XIV, o reino do Congo abrangia grande extensão da África Centro-Ocidental e era composto por diversas províncias, governadas por um rei que recebia o título de **Manicongo**. Hoje, a região que fazia parte do reino Congo recebe o nome de República Democrática do Congo.

Os habitantes do então reino do Congo organizavam-se em vários clãs, os quais eram formados por pessoas que acreditavam descender de um mesmo antepassado. A base da economia era a agricultura, o pastoreio e o comércio. O comércio, no território do Congo, era intenso: os comerciantes congoleses lucravam com a venda de tecidos, de sal, metais e derivados de animais – como o marfim.

As transações comerciais se davam à base de trocas ou com moedas (conchas, chamadas de *nzimbu*) encontradas na região de Luanda, hoje capital de Angola.

O Manicongo, cercado de seus conselheiros, controlava o comércio e o trânsito de pessoas, recebia impostos, exercia a justiça e buscava garantir a harmonia da vida do reino e das pessoas que lá viviam.

Os limites do reino eram traçados pelo conjunto de aldeias que pagavam tributos ao poder central, devendo fidelidade a ele em diversos aspectos, incluindo as relações de ancestralidade, pelas quais Manicongo também era responsável.

O Congo tinha mais de cem anos de existência quando o navegador português Diogo Cão descobriu o rio Zaire (em 1482) e, às suas margens, ergueu um marco de pedra com uma cruz no alto – símbolo do poder do rei de Portugal. O então rei do Congo, Nzinga Nikuwu, estranhou os costumes dos portugueses, mas recebeu-os amigavelmente; o que ele ainda não sabia era que a chegada desses e de outros europeus à África mudaria o modo de viver dos africanos.

Não se pode deixar de citar a contribuição do mundo *bantu*, especialmente do Congo e da Angola, para a construção da cultura afro-brasileira através da Congada – uma comemoração que tem como mito fundador a comunidade católica negra, na qual a África ancestral é invocada em sua versão cristianizada; é elaborada a partir de heranças africanas e também de apropriação do universo simbólico dos senhores, os Manicongos.

A Comunidade e Cultura Afro Brasileira surgindo A Congada

Os diversos elementos que compõem a Congada são ricos em significados que remetem à história do reino do Congo e de seus reis. Essa festa rememora a corte do reino congolês e é comum em todas as manifestações: o rei (que, em sua maioria possui, um nome de origem africana), a rainha, os príncipes e as princesas. A corte é o grupo de pessoas mais próximas da família real, compondo-se por fidalgos, secretários, cacique, general e capitão; as crianças que participam da manifestação cultural são sempre chamadas de conguinhos.

Unidade 2
Identidade Racial

Para entender quem são os povos do continente africano, que a partir do século XVI vieram para o Brasil como escravos, teremos que nos aprofundar em seus costumes, crenças e cultura.

Ao longo desta unidade, conheceremos um pouco mais sobre os grandes reinos africanos e suas contribuições para a história da humanidade, especialmente seu legado para a cultura brasileira.

Por essas e outras, conhecer a história africana nos faz conhecer a nossa própria história.

Conhecendo a história dos povos africanos

1. África, lugar das primeiras escritas

Ao longo da história, as contribuições das diversas nações africanas para o desenvolvimento cultural, econômico, político, científico e tecnológico da humanidade, são vastas e complexas. Uma das mais importantes descobertas que modificou totalmente a história da escrita vem do continente africano e revela a nacionalidade de seus autores: os méritos da descoberta dos grafites de **Wadi El-Hol** devem-se a John Coleman Darnell, da Universidade de Yale.

Esse arqueólogo descobriu, no Egito, os traços mais antigos do primeiro alfabeto utilizado pelo ser humano. O caminho de terra batida castigado por um sol implacável, infestado por escorpiões e cobras venenosas, é chamado – em árabe – de **Wadi El-Hol**, que pode ser traduzido por "despenhadeiro do terror".

Nesse local existia – há 4 mil anos – um trajeto frequentado por mercadores, pastores e soldados mercenários. Utilizando hieróglifos do complexo sistema de escrita egípcia, foram entalhados grafites usando as letras do primeiro sistema alfabético do qual se tem notícia.

Em 03 de julho de 1908, arqueólogos descobriram um objeto que resistia às tentativas de interpretação. Era um disco chato de 15cm, encontrado no antigo Palácio Minoico de Festo, na Ilha de Creta.

Veja que curioso: ele tem impressão dos dois lados, de forma que a escrita ocupa o espaço disponível à direita de uma face – que tem 45 sinais diferentes agrupados e que se repetem 241 vezes, sem se assemelharem à nenhuma outra inscrição encontrada na Ilha.

Dos hieróglifos mais antigos derivaram duas escritas: alfabética e silábica. A impressão do disco, datada por volta de 1700 a.C, não corresponde a nenhuma letra conhecida. Foi escrita com peças de madeira, o que significa que o disco é o exemplo mais antigo de caracteres móveis em relevo.

Essa descoberta antecede em 2500 anos as primeiras tentativas chinesas e em 3100 anos a invenção de Gutenberg, na Europa.

Em um vale do Egito, os arqueólogos americanos John e Débora Darnell encontraram grafites com símbolos que levaram à "invenção" do alfabeto. O mais importante, no entanto, é a ciência provando a contribuição do continente africano para a humanidade.

Com o passar dos séculos, esses símbolos – que antes representavam objetos – foram se tornando mais e mais abstratos, e passaram a representar sílabas ou sons predominantes ao nome do objeto. Era o início de uma nova fase da escrita humana.

No Egito Antigo, a escrita mais usada era conhecida como escrita hieroglífica, pois era baseada em hieróglifos. Estes eram desenhos e símbolos que representavam ideias, conceitos e objetos.

Os hieróglifos eram unidos, formando textos. Esta escrita era dominada principalmente pelos *escribas*, que faziam parte da minoria da população que sabia ler e escrever.

Os egípcios escreviam – usando hieróglifos – no papiro (uma espécie de papel feito a partir de uma planta de mesmo nome), nas paredes de pirâmides, palácios e templos.

2. O sistema de escrita etíope

Até aqui, vimos que as primeiras formas de escrita surgiram na África, com os egípcios. Mas outro exemplo de escrita antiga vem da Etiópia, que também é um país do continente africano, e local onde existe um dos sistemas de escrita mais completos e complexos de todos os sistemas de transmissão de conhecimento escrito, criado pela humanidade.

Além da escrita, outras possibilidades de transmissão de conhecimento são a representação matemática, as formas filosóficas e a possibilidade de representação de códigos secretos. A escrita procura reproduzir a fala humana; o **Sistema Ge'ez** é composto por 182 símbolos e a relação da representação escrita com a astronomia é a razão que explica essa quantidade.

Veja abaixo um exemplo da escrita etíope:

Na Antiguidade, este sistema de escrita **Ge'ez** era realizado em peles de cabra (que recebem o nome de *Biramas*) tecnicamente preparadas para receber tintas de longa duração. Assim sendo, a escrita etíope é realizada da mesma forma que a escrita egípcia, aplicada em papiros, como ilustrado ao lado.

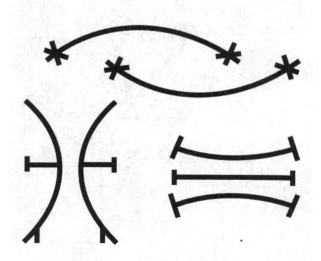

Composição dos 182 símbolos do sistema de escrita etíope.

3 O solo fértil do Egito e a produção de papiro

É na África que acontece a primeira revolução tecnológica da humanidade. Após um período de transição – que vai de 10000 a 5000 a.C – surge uma nova cultura: a **Neolítica**. A partir dela se inicia uma nova forma de relacionamento do homem com a natureza: a sociedade, que antes era nômade (sem habitação fixa) e vivia da caça e coleta de frutos, passa a se tornar sedentária (com habitação fixa, próxima aos rios) e a desenvolver as primeiras técnicas de produção agrícola e de criação de animais, além da arte de tecer seus tecidos. Foram as primeiras civilizações a fabricar utensílios de cerâmica e sabiam produzir fogo por atrito; construíam casas de madeira e de barro seco ao sol e, no final do período, descobriram as técnicas do trabalho com metais.

Nas áreas que se fixaram, foram formando pequenos povoados que, mais tarde, deram origem às primeiras cidades. O desenvolvimento da agricultura gerou condições para uma vida sedentária, além de possibilitar o aumento da população.

As primeiras civilizações sedentárias surgiram entre 3500 e 500 a.C, às margens de grandes rios. Entre elas está a civilização egípcia, que se desenvolveu às margens do rio Nilo – uma região fértil em virtude das inundações constantes no período das chuvas. As terras inundadas ficavam ricas em *húmus* (material orgânico natural), o que ajudava na preparação do solo para a lavoura quando o rio voltava ao seu nível normal.

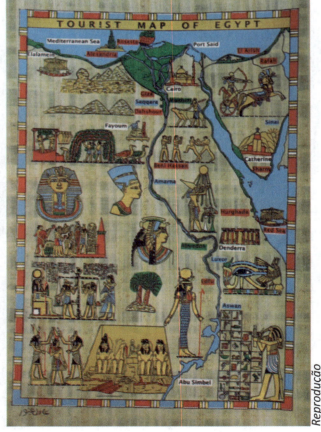

Os camponeses africanos aguardavam a germinação e a maturação dos grãos na estação seguinte. Eles colhiam e estocavam toda a colheita; depois, tinham apenas que esperar a nova enchente. Também construíam diques e reservatórios a fim de reter a água que seria utilizada para a agricultura, a pecuária e o consumo humano, por meio de canais de irrigação em tempo de escassez de chuva. O controle das cheias do rio foi condição essencial para o desenvolvimento da civilização na região. Essa técnica foi implantada no Brasil pelos povos africanos que vieram para cá escravizados, e contribuiu muito para a nossa agricultura. A alta produtividade agrícola e o controle populacional permitiram aos egípcios e etíopes a disponibilidade de recursos que viabilizaram as construções faraônicas.

Rio Nilo

4 O papiro

O papiro é uma planta abundante à beira do rio Nilo; seu talo pode atingir até 6 metros de altura. Inicialmente era utilizado para fazer barcos, esteiras, sandálias, cordas e mechas de lâmpadas a óleo, mas os egípcios descobriram sua funcionalidade para a escrita e desenvolveram a técnica de fazer papel: depois de cortar o miolo em tiras, colocava-se uma camada das fibras na horizontal sobreposta à outra na vertical; as tiras eram prensadas durante seis dias, até que estivessem secas e aderidas uma à outra. Após a secagem, o papel era enrolado a uma vareta de madeira – ou de marfim – para criar o rolo que seria usado na escrita. Para ler, bastava segurá-lo com uma mão e desenrolá-lo com a outra.

5. Navios e embarcações: egípcios, os pioneiros dessas invenções

A navegação africana também foi um dos pontos fortes da tecnologia naval desenvolvida pelos antigos egípcios. A vela mais antiga que se tem notícia foi encontrada dobrada dentro de uma múmia (cerca de 1000 a.C), em Tebas.

Os egípcios foram os primeiros a projetar barcos e os responsáveis pela criação dos melhores e mais velozes barcos militares, que eram diferentes dos cargueiros. Datada de 2589 a 2566 a.C, a **Nau de Quéops** (como é chamada) tinha 47 metros de comprimento e é a embarcação mais antiga desse porte encontrada até hoje.

Embora exista um modelo de piroga encontrado no Egito (datado de 2000 a.C e disponível no *Petrie Museum da University College*, em Londres), a madeira necessária para a construção de barcos era muito escassa no país, quase inexistente. Já o papiro era uma planta comum nas margens do rio Nilo. Com ela, artesãos egípcios desenvolveram as técnicas de fabricação de canoas e embarcações utilizadas para o transporte.

Reprodução

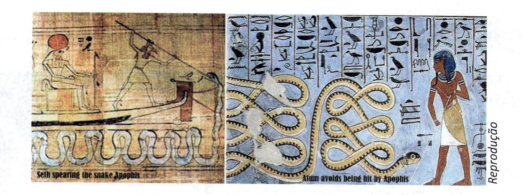

Reproduzindo a mais primitiva engenharia naval desenvolvida pelos antigos egípcios, o pesquisador norueguês *Thor Heyerdahl* liderou a embarcação **Ra I** (construída por africanos do Lago do Chade em 1969), numa tentativa de atravessar o Atlântico. Porém, depois de uma viagem de 5 mil quilômetros, o Ra I partiu-se devido sua construção deficiente. Mas Heyerdahl queria provar que os barcos de papiro dos antigos egípcios poderiam ter navegado com a corrente das Canárias através do Atlântico nos tempos pré-históricos. A expedição **Ra II**, montada um ano mais tarde, foi um sucesso: navegou do Norte da África até o Caribe em uma viagem de dois meses, perfazendo 6,1 quilômetros.

6 Astronomia africana

Um dos maiores mistérios da civilização *Dogon* (africanos da região do antigo Mali) está no conhecimento das estrelas e sua tradição astronômica, que remonta a aproximadamente 5 mil anos. Esse povo conhecia a estrela *Sirius*. Os altos sacerdotes já tinham profundo conhecimento dos astros, bem antes deles serem detectados pelos telescópios modernos. Sabiam, por exemplo, que *Sirius* é sempre acompanhada por outra estrela, conhecida pelos astrônomos como *Sirius B*. O interessante é que, durante muitos séculos, toda a cosmologia dos *Dogons* foi controlada pela *Sirius B*, que é invisível a olho nu.

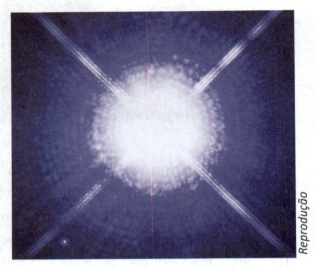

Eles denominaram a estrela como *Potolo* e desenharam sua órbita em torno de *Sirius* com exata precisão, assim como os mistérios das principais estrelas do céu e das luas do Sistema Solar, sem nunca terem manipulado um telescópio. O saber que se forma dentro da civilização *Dogon* tem gerado especulações de cientistas, que não conseguem entender a riqueza destes conhecimentos misteriosos. Eles afirmam que os *Dogons* conhecem a astronomia sem apoio de qualquer instrumento da ciência moderna e que, efetivamente, ultrapassam em muito o que – de acordo com as regras da ciência ocidental – uma tribo primitiva poderia saber.

Caverna sagrada para aos Dogons

Segundo historiadores, além dos *Dogons*, os egípcios (há 4200 a.C) criaram, ainda no período pré-dinástico, um calendário lunar primitivo com 12 meses. Este calendário considerava seis meses com 29 dias e outros seis com 30 dias, totalizando 354 dias.

Para entendermos o calendário egípcio, temos que nos atentar ao aspecto mais importante de sua civilização, que é o rio Nilo. O regime de água do rio Nilo pode ser dividido em três partes: o período das cheias, o período do plantio e o período da colheita. Como elas são periódicas (ou seja, cíclicas), estes ciclos levaram à criação do calendário. Em determinadas épocas, o rio Nilo inundava e esse ciclo durava cerca de quatro meses. Os egípcios precisavam saber quando aconteceria a cheia e, com isso, associaram o nascer helíaco da estrela *Sirius* com o início da inundação do Nilo; quando ela nascia a Leste, anunciava a enchente do rio, cujo lodo fertilizava os campos e assegurava uma colheita farta. Desta forma, os egípcios ajustaram o calendário de acordo com o evento. As evidências constam no **Carlsberg I**, que é cópia do *livro de Nut* – deusa do céu, cujos desenhos estão presentes nos túmulos dos faraós Seth e Ramsés IV.

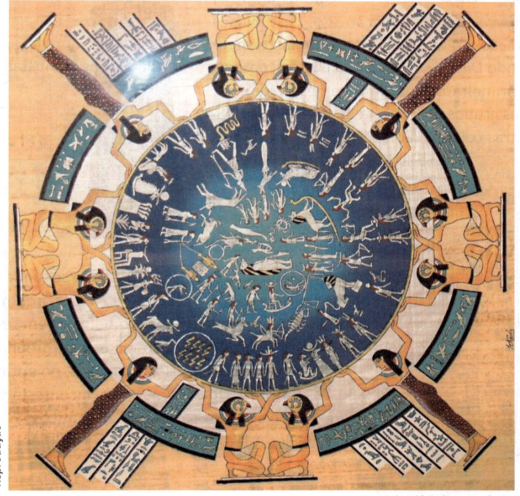

Calendário lunar egípcio

7 A matemática africana

Esquema das marcas do osso de Ishango
Reprodução

O artefato matemático mais antigo que se tem notícia até hoje é o **Osso de Lebombo**. A utilização dos ossos, tão comum ao longo dos séculos, ainda é presente em algumas tribos da Namíbia.

Em 1960, às margens do lago Rutanzige, no Congo, o geólogo belga *Jean de Heinzelin* junto com uma equipe de pesquisadores, encontrou o **Osso de Ishango** (de 19000 a.C). Esse osso de 10 cm de comprimento apresentava um "conjunto de marcas" e um pedaço de quartzo incrustado – possivelmente utilizado para a gravação – em uma das extremidades. Os estudiosos ainda não chegaram a uma conclusão da utilização deste artefato, que atualmente está no *Museu de História Natural de Bruxelas*.

O que chamou a atenção dos estudiosos foi a datação e o uso matemático do instrumento. Segundo *Dirk Huylebrouck*, o bastão comporta uma primeira coluna de entalhes unidos em pequenos grupos de 3 e 6, 4 e 8, 10, 5, 5 e 7 = 48. Duas outras colunas são constituídas por grupos de 9, 19, 21, 11 = 60 e 19, 17, 13, 11 = 60 entalhes. Heinzelin via nesses entalhes um jogo aritmético. Perceba: a primeira coluna só contém números ímpares, enquanto a segunda apresenta todos os números primos entre 10 e 20, por ordem crescente. Os números da primeira coluna também podem ser escritos como 10-1, 20-1, 20+1, 10+1, outro padrão surpreendente.

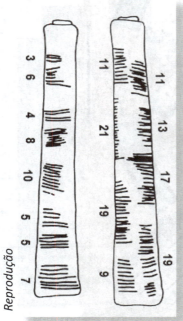

Reprodução

O que deixou os estudiosos perplexos, no entanto, foi o fato de o **Osso de Ishango** ser uma prova incontestável de que os africanos já realizavam cálculos matemáticos 15 mil anos antes dos egípcios e 18 mil anos antes do surgimento da matemática grega.

8) O conhecimento médico

A medicina egípcia tinha seu conhecimento centrado em experimentos e estudos voltados para o interior do organismo humano, elaborado em função da prática da mumificação, do embalsamento do corpo dos faraós e de pessoas influentes desta sociedade. Embora alguns considerem o grego *Hipócrates* o fundador da medicina, os africanos – 3000 a.C – já aplicavam os conhecimentos médicos e de cirurgia com o egípcio *Imhotep*.

Mas o conhecimento médico não esteve situado apenas no Norte daquele continente. Na região que hoje compreende Uganda (país da África Central), encontramos o saber antigo dos *Bunyoro*, que já faziam a cirurgia cesariana e que também detinham (há séculos) a sapiência acerca da vacinação e da farmacologia. Logo, as técnicas médicas e terapêuticas africanas estavam também voltadas para o conhecimento científico.

O domínio médico-cirúrgico antigo e tradicional praticado na África, também operava os olhos removendo as cataratas (essa técnica foi encontrada no Mali e no Egito). Os egípcios, 4600 anos atrás, também já realizavam cirurgias para a retirada de tumores cerebrais.

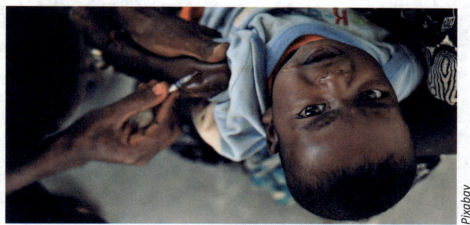

Unidade 3
Contribuições africanas para a sociedade colonial brasileira

O escravo africano era um elemento de suma importância no campo econômico do período colonial, sendo considerado *"as mãos e os pés dos senhores de engenho porque, sem eles, no Brasil não é possível fazer, conservar e aumentar fazenda, nem ter engenho corrente"* (ANTONIL, 1982, p.89).

Através dos estudos historiográficos do Brasil Colonial, observa-se o intenso intercâmbio cultural ocorrido entre os escravos africanos, os indígenas e os europeus. Essas trocas culturais seguiram por vários séculos durante o período colonial brasileiro e contribuíram para a formação de uma cultura brasileira híbrida bastante rica.

Contudo, não podemos limitar a contribuição africana no período colonial apenas ao campo econômico, uma vez que os escravos souberam reviver suas culturas de origem e recriar novas práticas através do contato com outras sociedades, contribuindo para a formação que delineou a identidade cultural afro-brasileira.

A partir deste momento, vamos reviver tais contribuições africanas para a história do nosso Brasil Colonial.

Reprodução

Conhecendo as contribuições africanas

1 A técnica de plantação bantu

Quando os europeus desembarcaram no continente africano, ficaram estarrecidos diante do modo de vida tão distinto desse povo. Durante o final do século XV e final do século XVIII, a principal etnia trazida para o Brasil foi a dos *bantus* – povo que durante o período colonial brasileiro ocupava a maior parte do continente africano, situado ao Sul do Equador (na região onde hoje estão localizadas a República Democrática do Congo, Angola, Moçambique, entre outros).

A organização social e econômica dessas civilizações girava em torno do parentesco familiar, do território comum e da exploração tributária de um povo para outro. Nessas sociedades, a coesão dependia – em grande parte – da preservação da memória dos antepassados, da reverência e privilégios reservados aos que mais plantavam e colhiam os seus grãos.

Nos séculos XIV e XV, o Império de Songai se sobrepôs ao Império de Mali. Assim, as técnicas de plantio e de irrigação foram aperfeiçoadas e chegaram ao Brasil juntamente com os negros escravizados. Esses saberes favoreceram a expansão da agricultura, principalmente durante os ciclos do cultivo da cana-de-açúcar e do café.

Elaeis Guineensi

Cucumis Anguria

Solanum Aethiopicum

Watermelon-garden

2 A metalurgia bantu

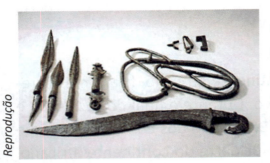

Os *bantus* detinham conhecimentos técnicos avançados de metalúrgica, pois faziam parte de uma cultura de especialistas. Como a tecnologia desses ferreiros era sofisticada e considerada superior à indústria europeia da época, eles trabalhavam com materiais ferrosos e não ferrosos, mas tornaram-se especialistas na metalurgia do ferro – muito mais complexa de ser executada do que o cobre e outros metais nobres. A principal diferença entre eles é a alta temperatura do forno para fundir o metal, pois o ponto de fusão do ferro é maior que o do cobre.

Na África, haviam impérios poderosos como o Mali, reinos bem consolidados como o Congo, e também pequenas aldeias agrupadas por laços de descendência ou linhagem, grupos nômades de comerciantes, agricultores e pastores, que se deslocavam buscando oportunidades de negócio, explorando o trânsito de caravana de mercadores, a disputa pelo acesso aos rios e o controle sobre as estradas ou rotas – o que, muitas vezes, gerava guerra entre os povos.

3 O comércio bantu

O comércio era uma forma importante das sociedades se relacionarem, trocando não só mercadorias, mas também ideias e comportamentos. Ou seja, o comércio é uma das atividades mais presentes na história de várias regiões da África e, por meio dele, as sociedades mantinham contato umas com as outras. Os produtos eram negociados por pessoas vindas de longe, com costumes e crenças diferentes, que algumas vezes eram incorporadas às tradições locais. A vitalidade do comércio dentro do continente africano – de curta, média e longa distância – põe por terra a ideia de sociedades isoladas, vivendo apenas voltadas para si mesmas.

4. Tráfico de negros africanos

Estima-se que entre o século XVI e meados do século XIX, mais de 10 milhões de homens, mulheres e crianças africanas foram transportadas para as Américas – não estando aqui inclusos aqueles que não conseguiram sobreviver ao violento processo de captura na África, bem como às torturas durante a grande travessia atlântica – e calcula-se ainda que 4 milhões desembarcaram em portos do Brasil.

Nenhuma outra região do mundo está tão ligada ao continente africano por meio do tráfico negreiro quanto o Brasil. Foram mais de três séculos unindo para sempre os dois países.

O propósito das potências coloniais europeias era trazer mão-de-obra (*lê-se escravos*) qualificada com o intuito de explorar as riquezas tropicais e minerais do novo mundo. A colônia portuguesa, especialmente nas áreas agrícolas como a de cana-de-açúcar, obrigava os escravos a trabalhar em condições subumanas e de maus tratos, justificando, assim, a baixíssima expectativa de vida e o altíssimo número de mortalidade infantil.

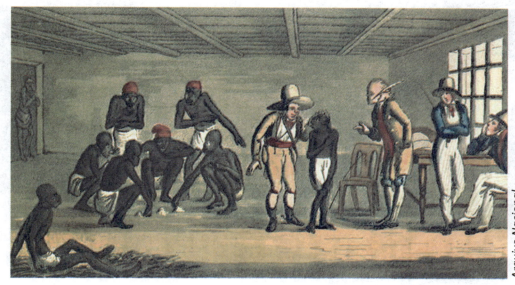

5 A chegada dos escravos nos portos brasileiros

Após a chegada dos africanos nos portos do Brasil, eles eram divididos em "lotes" – independente do grau de parentesco, região ou do país de origem – e antes da comercialização era feita uma rigorosa seleção. O preço dos escravos era definido pelo sexo, idade, por sua especialização e, principalmente, pela condição física.

A expansão dos africanos em território brasileiro se deu seguindo as exigências de cada momento histórico. Durante os séculos XVI e XVII, os escravos foram levados em grande número ao Nordeste (para atividade açucareira), principalmente para fazendas na Bahia e Pernambuco, e em menor escala para os estados do Maranhão, Pará e Rio Janeiro.

Com a descoberta do ouro na província de Minas Gerais no final do século XVII, a demanda do tráfico negreiro

Engenho de açúcar, Rugendas, 1835

na região das minas cresceu. No século XVIII, o açúcar foi sucedido pelo ouro e no século XIX o ouro e o açúcar substituídos pelo café.

O ponto geográfico de ocupação no Brasil por africanos se inicia no Pernambuco e na Bahia, durante a exploração da terra com os canaviais. Surgem, então, os primeiros núcleos populacionais administrativos em Olinda e Salvador, com posterior expansão para o Sergipe, erradicando para o Rio Grande do Norte, Paraíba, Alagoas, Maranhão, Pará, Rio de Janeiro, Minas Gerais e, depois, São Paulo. A região amazônica foi introduzindo os negros com técnicas e habilidades especializadas como operários, os quais ganhavam prestígios por seus conhecimentos elevados.

Minas de Ouro

No Mato Grosso, a busca pelo ouro fez com que a Vila de Cuiabá surgisse rapidamente, formando uma grande população escrava. Os negros foram levados também para o estado de Goiás, acompanhando a exploração do ouro e marcando sua presença nos Estados Centrais, fixando-se na mineração e em outras atividades.

Devido aos maus tratos, os escravos fugiam e muitos encontravam guarida nas tribos indígenas, formando famílias com as índias – desta união surgiu o *mameluco*. Outros tantos fugiam em grande número, criando vários quilombos revoltados contra a escravidão.

Com a exploração do café, o deslocamento de escravos do Nordeste para Rio de Janeiro e São Paulo foi intensificado. O Rio Grande do Sul recebeu escravos vindos dos dois estados do Sudeste (devido às bandeiras de expansão para o Sul), para que trabalhassem nas charqueadas e plantações de trigo.

A contribuição cultural dos escravos para a economia colonial brasileira é enorme, como veremos a partir de agora.

Negras depois do trabalho, Victor Frond, 1861

6 A sabedoria africana no cultivo da cana-de-açúcar

Tela: Benedito Calixto

O açúcar é conhecido desde a Antiguidade. As primeiras notícias sobre a cana-de-açúcar encontram-se nas escrituras mitológicas dos hindus. Mas foi na Nova Guiné que o homem teve o primeiro contato com a cana-de-açúcar; de lá, a planta foi para a Índia.

Os árabes inseriram seu cultivo no Egito, onde desenvolveu-se pela primeira vez o manufaturamento e a fabricação de açúcar em escala industrial, no início do século IX. O desenvolvimento do processo de clarificação do caldo da cana é creditado aos egípcios, que acabaram produzindo um açúcar de alta qualidade para a época.

No Brasil, as primeiras mudas de cana chegaram por volta de 1515, trazidas da Ilha da Madeira (Portugal). O primeiro engenho brasileiro foi construído em 1532, na capitania de São Vicente/SP, mas foi no Pernambuco e na Bahia que os engenhos se multiplicaram.

O açúcar se transformou em um bom negócio para a economia colonial brasileira, isso porque a mão-de-obra utilizada vinha de bons agricultores. Importados da África e trazidos como escravos para o Brasil, a maioria (como já falamos anteriormente) era de origem *bantu* – vindos da região de Angola, Congo, Benguela, Monjolo, Cabinda, Rebolo, Moçambique, entre outros. Ao final da pré-história africana, em sua migração, eles ocuparam grande parte do continente africano do Norte para o Sul. Era um povo altamente avançado que dominava a tecnologia do ferro e da metalurgia, da cerâmica, da tecelagem, da fabricação de cestos, da criação de gado, da extração do sal do mar e, principalmente, da agricultura.

Os escravos foram o elemento crucial na manufatura do açúcar. A mão-de-obra africana representou a base das atividades econômicas no Brasil colonial. Assim sendo, o país se transformou no maior produtor de açúcar do mundo e, por volta de 1550, líder do mercado exterior – muito em função do trabalho do povo africano. O açúcar brasileiro já saía pronto para o consumo e era um açúcar claro se comparado ao açúcar produzido nas Antilhas, por exemplo, onde sua coloração era escura. Este feito fez com que o mercado de açúcar brasileiro chamasse a atenção de outras potências europeias da época.

7. A mineração no Brasil

No período colonial, os africanos constituíram uma grande massa de trabalhadores também na mineração. Isso acontecia porque o colono necessitava de lucro com essa atividade e a produção colonial deveria ser de baixo custo. Sendo assim, escolheu-se o escravo que, além da mão-de-obra mais barata, uma vez que oferecia ao colono apenas gastos com sua exportação e os portugueses já conheciam sua força de trabalho, desenvolvida nas ilhas da África.

Os escravos já tinham experiência com a mineração e implantaram na América Portuguesa a técnica que conheciam. Deve-se ao africano o uso da *bateia* (gamela de metal ou madeira) e o camaro na mineração, o que contribuiu para melhoria das condições da exploração do ouro, posteriormente.

8. Plantas medicinais africanas

Muito antes da era cristã, o conhecimento das plantas medicinais na África já era bastante profundo. Os povos do continente africano utilizavam-nas para o tratamento de diversas doenças, conforme provou o famoso **Papiro de Ebers**.

A chegada dos africanos no Brasil a partir do século XVI trouxe consigo muitas dessas plantas medicinais, o que contribuiu para a propagação da sua medicina entre nós.

Vamos aqui destacar algumas destas plantas:

Alecrim de angola: É indicado para irregularidades do ciclo menstrual, tensão pré-menstrual, debilidade cardíaca, febre tifoide, gases intestinais, tosse, dores reumáticas e depressão.

Erva doce ou funcho: É uma planta utilizada contra os problemas digestivos, tosse, cólicas, diarreias e vômitos.

Camomila: Era utilizada para tratar malária e também como anti-inflamatório. Tem propriedades calmantes, digestivas (em casos de inflamações agudas e crônicas da mucosa gastrointestinal, pode reconstruir a flora intestinal), colites, cólicas uterinas, conjuntivite e olhos cansados (compressas com infusão das flores), tensão pré-menstrual, estresse e insônia.

Gengibre: O chá de gengibre é usado no tratamento de gripe, tosse e resfriado, diminui a congestão nasal e tem ação antisséptica. Banho e compressas quentes de gengibre são indicados para aliviar os sintomas da gota, artrite, dor de cabeça e na coluna; é ainda eficaz contra cólicas menstruais.

Babosa: O suco das folhas é emoliente, resolutivo e tem propriedade cicatrizante quando aplicado topicamente sobre inflamações, queimaduras, eczemas e erisipelas; é eficaz contra a queda de cabelos. Sua polpa é anti-oftálmica (combate o calor nos olhos), vulnerária (terapêutica no tratamento de feridas ou úlceras) e vermífuga. Age com efeito calmante nas retites hemorroidais e é também utilizada – de forma externa – nos casos de entorses, contusões e dores reumáticas.

Coco-de-dendê: Uma pesquisa da **Escola Baiana de Medicina** mostrou que o óleo de dendê diminui o colesterol e os triglicérides quando ingerido na quantidade correta; seu excesso, porém, pode levar à obesidade. O coco (fruto) é indicado para combater anginas, cefaleias, edemas nas pernas e cólicas abdominais.

Reprodução

9 Cultura sistemática de mandioca pelos africanos

Reprodução

Desde as civilizações pré-colombianas, a mandioca – planta nativa dos trópicos americanos – já era usada como alimento. Principal produto agrícola indígena, quando aqui chegaram os colonizadores portugueses, a mandioca foi levada para a África pelos mesmos para a Bacia do Congo (em 1558) e, devido a sua grande capacidade de adaptação, expandiu-se rapidamente para outras regiões. Vários cronistas, viajantes e missionários do século XVI mencionaram em seus escritos a importância dessa raiz. O primeiro a mencionar a descrição da cultura da mandioca foi o cronista Pero Magalhães Gândavo (em 1573), na obra "História da Província de Santa Cruz".

As relações interculturais que se estabeleceram com a chegada dos primeiros africanos no Brasil são marcantes com relação às plantas medicinais e alimentícias. Ao mesmo tempo em que traficavam africanos, as plantas de interesse comercial seguiam os mesmos caminhos: eram levadas de suas regiões de origem para as novas terras para serem cultivadas a partir do trabalho escravo. Os portugueses trouxeram sementes, raízes, mudas e bulbos de suas mais distantes colônias (orientais e africanas) e levaram para suas terras os nossos produtos.

A descrição dos cronistas que viajaram pelo Brasil por diferentes épocas e regiões relata as pequenas variações sofridas nas técnicas de plantio da mandioca. O costume na lida com a terra e o manejo das plantas era quase uniforme. A mandioca passou a ter valor fundamental para os portugueses em atividades relacionadas à conquista de novas terras, como o desenvolvimento do tráfico negreiro – especialmente pela importância do valor nutricional dessa planta, que alimentava os portugueses e também os escravos nos navios e no Brasil.

Os indígenas ensinaram para os portugueses o preparo da farinha e as técnicas do plantio da mandioca; os africanos aperfeiçoaram a técnica e esses conhecimentos foram levados à África. Não há registro da culinária africana durante o período colonial, visto que a língua falada não era escrita. Mas a cozinha africana influenciou muito a culinária brasileira. As receitas africanas que levam a mandioca são muito semelhantes às ensinadas pelos indígenas do Brasil do século XVI, porém, com algumas variações.

Ao lado da influência indígena, tanto na culinária brasileira como na africana, destaca-se a contribuição dos escravos africanos oriundos da sua dispersão através do tráfico negreiro, e de outros momentos que marcaram a nossa história e a da África.

O uso da mandioca e seus derivados teve papel de suma importância na alimentação do brasileiro, bem como dos povos africanos, nas regiões dominadas pelos portugueses a partir do século XVI. A raiz foi o produto agrícola que mais influenciou e transformou a agricultura na África Central, desempenhando importante papel na economia dessa região. Dos 20 maiores produtores mundiais, 11 encontram-se no continente africano. O maior produtor do mundo é a Nigéria e a maior parte da produção é consumida no próprio país – quase que exclusivamente *in natura*. O Brasil está em segundo lugar neste ranking.

Johann Moritz Rugendas (1802-1858)

Título da obra: Preparação da mandioca

História da capoeira

Capoeira é luta de bailarinos. É dança de gladiadores. É duelo de camaradas. É jogo, é bailado, é disputa – simbiose perfeita de força e ritmo, poesia e agilidade. Única em que os movimentos são comandados pela música e pelo canto. A submissão da força ao ritmo. Da violência à melodia. A sublimação dos antagonismos. Na capoeira, os contendores não são adversários, são camaradas. Não lutam, fingem lutar. Procuram genialmente dar a visão artística de um combate. Acima do espírito de competição, há neles um sentido de beleza. O capoeira é um artista, é um atleta, é um jogador ou é um poeta? **(Dias Gomes)**

Pergunta: a capoeira é uma dança? É brincadeira? Ou é luta marcial desenvolvida pelos escravos? A capoeira engloba tudo o que você acaba de responder: é uma dança e é também luta marcial, desenvolvida pelos escravos a partir de movimentos que lembram as lutas dos animais (como rabo-de-arraia, macaco, coice-de-mula, bico-de-papagaio, lagarto, cobra e onça).

Reprodução

A capoeira nasceu no Brasil e se desenvolveu baseada nas características físicas do negro. O negro escravo trabalhava de sol a sol, tinha um corpo altamente definido e resistente. Por isso, foi fácil adaptar os movimentos dos animais ao seu próprio corpo. É claro que a cultura da capoeira não fazia parte do currículo escolar, nem dos livros; estava guardada no corpo, na mente e na vivência histórica, através de gerações.

Reprodução

O negro trouxe da África lembranças dos jogos e danças (como zebra e *n'golo*) que eram realizados para conquistar o amor de uma mulher.

Inicialmente, no Brasil, a existência da capoeira está ligada às senzalas, com as fugas dos negros e com os quilombos brasileiros da época colonial. Logo, as origens da capoeira encontram-se nesse ambiente, onde os negros relembravam suas culturas originárias da África. Para lutar contra os invasores, chamados de "capitães do mato", os "fujões" utilizavam todo o seu corpo, batendo com a cabeça, os pés e os joelhos. Os confrontos aconteciam sempre ao redor das fazendas, onde o mato era ralo. Essa vegetação rala e baixa leva o nome, em tupi-guarani, de "*caá-puêra*".

11. Rainha Nzinga

Quando os portugueses chegaram na desembocadura do rio Zaire, na África Central, encontraram duas nações: Congo e Ndongo. Pode-se dizer que ambas (juntamente com seus chefes, os *n'angolas*) desempenharam um importante papel na história dessas regiões. Principalmente durante a segunda década do século XVII, quando a *Rainha Nzinga* se opôs firmemente à invasão dos portugueses em suas terras.

Mas como, naquela época, os africanos lutavam contra os portugueses?

A Rainha Nzinga constituiu uma ampla frente de resistência, aliando-se aos escravizados que fugiam dos navios negreiros portugueses.  Ela também fez aliança com os holandeses, criando uma forte frente de resistência, e, por mais de duas décadas, conseguiu barrar um pouco do tráfico de escravos e a invasão dos portugueses em seu reino. No entanto, ela não conseguiu resistir por muito tempo uma vez que as pessoas eram usadas como moedas no lugar do ouro, da prata e de outros bens.

Para homenagear a Rainha Nzinga, o principal movimento da capoeira – que dá sustentação e apoio para o golpe – recebe o nome de *ginga*.

Unidade 4
Herança cultural negra e racismo

Como já aprendemos, a herança cultural negra no Brasil disseminou-se a partir dos escravos africanos trazidos para cá no período colonial. A cultura europeia, tida como branca, predominava em nosso país e não dava margem aos costumes africanos, os quais eram discriminados. No entanto, em meio à resistências, adaptações e lutas, os negros venceram e continuam nesse processo para a superação de todo o racismo em nossa sociedade.

Nos capítulos a seguir, iremos conhecer mais sobre a cultura africana para, então, perceber que todo brasileiro tem um pouco da África dentro de si!

A influência cultural negra

1 Biótipo

— Eu sou negro, mas na minha casa não valorizavam o biótipo do negro, pois achavam que tudo era feio.

— Por que feio?

— Porque a minha família não conhecia o próprio biótipo. Por exemplo: o meu cabelo sempre foi chamado de "pixaim" e de duro, mas, na verdade, ele é carapinha.

— E o que significa carapinha?

— Carapinha é o cabelo que enrola no couro cabeludo e protege dos raios solares. Lá na África a temperatura chega a 45-50 graus Celsius. Então, se o meu cabelo não fosse carapinha (ou seja, super crespo), não enrolaria no couro cabeludo e, consequentemente, não o protegeria dos raios solares. Além do mais ele é preto e o preto não reflete a luz do sol. Ou seja, meu couro cabeludo queima menos.

— Mas isso muda toda uma percepção!

— Com certeza! E tem mais: o meu nariz, por exemplo, tem apelidos pejorativos (chato, fornalha), só que, na verdade, minha formação nasal é baixa, possibilitando uma oxigenação perfeita.

— Como assim uma "oxigenação perfeita"?

— Preste atenção na informação que vou lhe dar: a formação nasal baixa faz com que eu e meus antepassados transformemos o ar de 45-50º Celsius em 36º Celsius, que é a temperatura ambiente do corpo e, consequentemente, possibilita a oxigenação perfeita.

— Por isso os negros são os maiores velocistas da história?

— É por isso mesmo!

— E quem tem o nariz tão fino, como o meu, não tem oxigenação perfeita?

— É diferente, mas perfeita também! Só que grande parte do povo brasileiro descende de europeus, e na Europa o clima é muito gelado, podendo chegar a -10º Celsius. Então o nariz afilado (ou fino) faz com que a respiração seja circular, propiciando o aquecimento do ar gelado para que ele chegue ao pulmão a 36º Celsius.

— Agora eu começo a entender as coisas! E quanto a boca do negro, que também tem adjetivos horrorosos, do tipo "beiçudo", "beiçola" e "boca de caçapa"? Tem explicação científica também?

— É lógico que tem! Imagine você, que tem os lábios finos, no verão eles racham e no inverno então... racham a ponto de fazer feridas! Os lábios do negro e do afrodescendente não racham nem no inverno, nem no verão, porque possuem uma gordura labial que é térmica, ou seja: no verão ela fica quente, quente, quente, e no inverno, fria, fria, fria... assim os lábios não sofrem com as intempéries.

— Você pode me explicar por que o negro tem a pele tão escura?

— Como eu lhe disse a respeito do cabelo, o preto não reflete a luz do sol. A minha pele, sendo preta, tem excesso de melanina, que é uma substância química produzida pelo próprio organismo e que garante uma proteção natural. Agora, pense bem: se eu ou os meus antepassados não tivéssemos a pele preta numa temperatura de 45-50° Celsius, com certeza teríamos todas as doenças de pele possíveis! Por isso é que digo que a natureza é sábia.

— Agora eu entendo perfeitamente as nossas diferenças. São tão simples, mas eu nunca havia aprendido. Posso dizer que o preconceito existe onde falta informação.

— Exatamente. Que o que nos distingue não faça a menor diferença!

❷ Anemia falciforme

Há muitos anos, na África, a malária matava muitas pessoas. Por esse motivo, a natureza resolveu proteger seus filhos da morte pela doença, provocando uma alteração genética – que chamamos de mutação. Com essa alteração, as pessoas passaram a produzir a *hemoglobina S* ao invés da *hemoglobina A*. Dessa forma, quem tivesse *hemoglobina S* na hemácia, não era infectado pela malária.

Essa mutação fez diminuir e muito a morte pela doença e, em virtude da imigração forçada (isto é, do tráfico de africanos e dos movimentos populacionais em busca de melhores condições de vida), essa alteração se espalhou pelo mundo.

No Brasil, pelo fato de o país ter recebido uma grande população de africanos, além de apresentar um alto índice de miscigenação, ainda existem muitas pessoas com anemia falciforme – principalmente os afrodescendentes. A anemia falciforme trata-se, portanto, de uma doença hereditária (ou seja, que passa dos pais para os filhos), causada por uma hemoglobina mutante ligada à descendência de populações originárias da África – mas também da Índia, da Arábia Saudita e de países mediterrâneos.

Atualmente, a doença encontra-se difundida em grande parte da população mundial. A Organização Mundial da Saúde (OMS) estima que, a cada ano, nasçam 300 mil crianças com anemia falciforme. Deste número, somente na África, 200 mil crianças nascem com a forma mais grave.

O exame laboratorial específico para o diagnóstico da anemia falciforme chama-se eletroforese de hemoglobina, mas a presença da hemoglobina S pode ser detectada no teste do pezinho, realizado quando a criança nasce. Não há um tratamento específico para a anemia falciforme e, até hoje, não se conhece a cura. Os portadores da doença precisam de acompanhamento médico constante para manter a hidratação e oxigenação adequada dos tecidos, além da prevenção de infecções e controle das crises de dor. Sendo assim, quanto mais cedo começar, melhor o prognóstico.

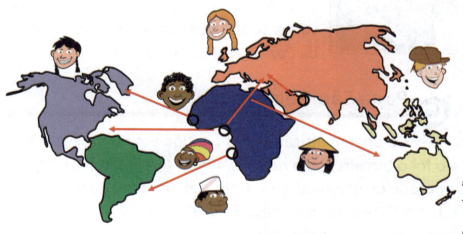

Reprodução

Texto adaptado do Manual de Anemia Falciforme para a população, do Ministério da Saúde, 2007. Disponível em: http://bvsms.saude.gov.br/bvs/publicacoes/07_0206_M.pdf)

3. Papas negros

A lista Papal da Igreja Católica contabiliza um total de 266 nomes. De São Pedro até o atual Francisco, existiram três Papas negros com grande influência na época de seus pontificados e que são considerados santos, sendo um mártir.

Papa São Vitor I

Primeiro Papa negro e 14º Papa da Igreja Católica, Papa São Vitor I nasceu na Tunísia – norte da África. Seu pontificado foi do ano de 189 a 199 d.C. Foi ele quem estabeleceu que qualquer tipo de água – seja de rio, chuva, mar ou outras fontes – podia ser utilizada no batismo. Papa São Vitor I também substituiu o sábado pelo domingo como dia sagrado em memória da ressurreição de Jesus Cristo, e determinou que a Páscoa fosse celebrada sempre no domingo. As medidas estabelecidas por ele determinaram as mudanças no calendário que vigoram até hoje. Papa São Vitor I morreu como mártir em perseguição, movida pelo Imperador Sétimo Severo.

Papa São Melquíades

Segundo Papa negro da história e 32º da história da Igreja Católica, Papa São Melquíades era natural do continente africano. Seu pontificado ocorreu de 311 a 314 d.C. Também sofreu perseguição – na época do governo do Imperador Maximiliano, que era implacável contra a Igreja Católica. Somente em 312 d.C. o Imperador Constantino subiu ao trono e se converteu ao cristianismo, colocando fim aos 250 anos de perseguições aos cristãos. O Papa Melquíades organizou várias sedes paroquiais em Roma e ficou conhecido como o "Filho da Paz" e "Pai dos Cristãos".

Papa São Gelásio

De origem africana, mas nascido em Roma, Papa São Gelásio foi o terceiro Papa negro e 49º da Igreja Católica. Muito culto e dotado de personalidade forte, seu pontificado foi de 492 a 496 d.C. Era Conselheiro do Papa Félix III e, em 492, com a morte dele, foi eleito seu sucessor para dar continuidade à política da conciliação das Igrejas do Ocidente e do Oriente. Por sua caridade, ficou conhecido como o "Pai dos Pobres".

4 Religiões afro-brasileiras

5. A Frente Negra Brasileira

A **Frente Negra Brasileira** foi o maior movimento social pós-abolição organizado em torno do povo negro, propondo a participação do negro na política nacional através do voto. Fundada em 16 de setembro de 1931, a Frente Negra Brasileira, que foi o primeiro partido político da população afrodescendente do país, comemorou 87 anos em 2018.

A partir de 1920, associações de negros foram fundadas nas principais cidades do Brasil. A maioria – se não todas – tinha cunho exclusivamente beneficente, sem ao menos tratar sobre política e/ou "questões de raça", cenário que mudaria na década de 1930. Nesse período, o Brasil ficou conhecido como República Velha e mostrava-se mais acessível e consciente da importância de uma participação política mais abrangente. Operários, estudantes e negros enxergavam um grande objetivo para se organizarem. Nascida em São Paulo (no ano de 1931) após reuniões na Praça da Sé, a Frente Negra Brasileira teve como fundadores negros de vários movimentos das Irmandades Católicas (como *Isaltino B. dos Santos* e *Arlindo Veiga dos Santos*) e não demorou a se espalhar pelo país.

Unindo a etnia negra em torno de um sonho partidário e de igualdade, e possibilitando o direito ao trabalho, à escola e à moradia para todos os negros do país, a Frente Negra Brasileira desenvolvia diversas atividades de caráter político, cultural e educacional para os seus associados sob a liderança de Arlindo Veiga dos Santos – que realizava palestras, seminários, cursos de alfabetização, oficinas de costura e promovia festivais de música.

Em sua sede – na rua da Liberdade, 196 – funcionava o jornal "O Menelik", órgão oficial e principal porta-voz da entidade, sucedido pelo "O Clarim d'Alvorada", sob a direção de José Correia Leite e Jayme de Aguiar.

A Frente Negra Brasileira ganhou adeptos em todo o país, inclusive o jovem *Abdias do Nascimento*. Seguindo o propósito de discutir o racismo, promover melhores condições de vida e a união política e social da "gente negra nacional", a entidade teve filiais em diversas cidades paulistas e nos estados da Bahia, Minas Gerais, Pernambuco, Espírito Santo e Rio Grande do Sul, e estima-se que a Frente Negra Brasileira tenha chegado a aproximadamente 100 mil membros em todo o país.

Em 1937, Getúlio Vargas – presidente da época – decretou o fim de todos os partidos políticos, inclusive a Frente Negra Brasileira, que no ano anterior havia sido transformada em organismo partidário sob a sigla **FNB**.

Texto adaptado do livro Minha África Brasileira, de Natanael dos Santos

6 A cultura africana no cotidiano brasileiro

O entrecruzamento de africanos, portugueses e índios entre os séculos XVI e XVIII, consolidou a estrutura genética da população brasileira. Toda a construção da economia litorânea no Brasil, inclusive o desenvolvimento de sua vida urbana, se deve ao mestiço, ao negro e ao branco. Porém, a contribuição do negro para a cultura brasileira vai além da povoação e da prosperidade econômica através do seu trabalho.

Bill Wegener - Unsplash

Vindos de diversas partes da África, os escravos negros trouxeram suas matrizes culturais e transformaram não apenas a sua religião, mas todas as suas raízes em uma cultura de resistência social.

Vamos conhecer outras influências africanas presente no cotidiano brasileiro?

Contribuição na linguagem

A influência africana no português do Brasil, que em alguns casos chegou também à Europa, veio do *iorubá* – falado pelos negros vindos da Nigéria e notado, principalmente, no vocabulário relacionado à culinária e à religião, mas também do *quimbundo angolano* em palavras como *caçula*, *cafuné*, *moleque*, *maxixe* e *samba*, entre centenas de outros vocábulos.

Além das palavras os africanos contribuíram para criar algumas expressões que estiveram (e ainda estão) presentes no cotidiano brasileiro, tais como:

Ama-seca: Esse termo surgiu na época da escravidão e correspondia à escrava que não amamentava. A escrava que dava de mamar era chamada de ama-de-leite.

Boçal: O termo significava que o escravo era recém-chegado e não falava o português.

Nas coxas: A expressão "feito nas coxas", muito usada para designar algo mal feito, remonta à época da escravidão. As telhas usadas nos telhados dos casarões eram moldadas em barro nas coxas dos escravos. Como cada escravo tinha um tamanho de coxa diferente, as telhas ficavam desiguais, dando origem à expressão.

Xilindró: Hoje significa prisão, mas a origem da palavra é *bantu*; era a forma como os escravos brasileiros chamavam seu esconderijo no mato.

Contribuição na religião

Principais religiões afro-brasileiras, o Candomblé e a Umbanda têm forte inserção no país, especialmente nos estados de São Paulo, Rio de Janeiro, Rio Grande do Sul e Bahia. De acordo com o Censo do IBGE, em 1991 existiam quase 650 mil adeptos. Estudiosos dessas religiões estimam que quase um terço da população brasileira frequenta um centro – esse número inclui tanto os frequentadores assíduos quanto os esporádicos, que muitas vezes também estão ligados à outras religiões.

O Candomblé cultua os orixás, que são deuses das nações africanas de língua *iorubá*, dotados de sentimentos humanos – como o ciúme e a vaidade. A prática chegou ao Brasil entre os séculos XVI e XIX, junto com o tráfico de escravos negros da África Ocidental, e sofreu grande repressão dos colonizadores portugueses, que a consideravam feitiçaria. Para sobreviver às perseguições, seus adeptos passaram a associar os orixás aos santos católicos (prática que recebe o nome de sincretismo religioso), como por exemplo: **Iemanjá** é associada à santa católica **Nossa Senhora da Conceição**, já **Iansã** é associada à **Santa Bárbara**, **Ogum** a **Santo Antonio** e **São Jorge**, etc.

Agência Brasil Fotografias

A Umbanda nasceu no Rio de Janeiro dos anos 20, a partir da mistura de crenças e rituais africanos e europeus. As raízes umbandistas encontram-se em duas religiões trazidas da África pelos escravos: a *Cabula* (dos *bantus*) e o *Candomblé* (da nação *nagô*). A umbanda considera o universo povoado de entidades espirituais (os guias) que entram em contato com os homens por intermédio de um iniciado que os incorpora (o médium). Tais guias se apresentam por meio de figuras como o caboclo e o preto-velho.

John McArthur - Unsplash

Os elementos africanos misturam-se ao catolicismo criando a identificação dos orixás com os santos. Outra influência é o *Espiritismo Kardecista*, que acredita na possibilidade de contato entre vivos e mortos, além da evolução espiritual após sucessivas vidas na Terra. A Umbanda incorpora ainda os ritos indígenas e práticas mágicas europeias.

Contribuição na música e na dança

O negro deu seu ritmo à música brasileira e também lhe deu nomes, como samba e chorinho. Por isso se diz que a música popular brasileira nasceu na África. A raiz negra está em tudo: no samba, no pagode, no afoxé e nas festas folclóricas – como o maracatu. Além dos ritmos, os africanos trouxeram também o berimbau, a cuíca e outros instrumentos de percussão, como o atabaque.

Atabaque

Afoxé

Agogô

A música africana exerceu grande influência sobre outras manifestações musicais no mundo, como o *blues* (cânticos dos negros norte-americano que contavam as trágicas dores humanas). O nome provavelmente surgiu da expressão inglesa *to have the blues*, que significa "estar dominado pela melancolia", pelo desespero. Ainda há o *jazz*, cuja música contém uma saudade da África – não é música africana, mas não existiria sem a África. É resultado do encontro entre o "branco" e o "negro" no Sul dos Estados Unidos. Criado por músicos negros, o *jazz* era considerado a expressão de uma minoria. Este gênero de música caracteriza-se pela improvisação e ritmo sincopado; é uma derivação do *spiritual* e do *blues*. Hoje, o *jazz* inspira muito da música moderna.

A capoeira, que mistura dança, luta e música, também surgiu com os negros que a utilizavam como arma de defesa. Durante a escravidão, reuniam-se em roda depois do trabalho para cantar, dançar e jogar capoeira; batiam palmas, batucavam, reviviam suas tradições e, assim, a música negra se afirmava em meio a tanto sofrimento. Tratava-se, na verdade, de uma prática para enganar os Senhores de Engenho, que pensavam naquilo apenas como uma "dança". A capoeira sofreu repressão por grande parte das autoridades policiais e também dos Senhores de Engenho, que perseguiam os escravos praticantes, uma vez que a atividade dava ao capoeirista um sentido de nacionalidade, de individualidade e de autoconfiança, formando grupos coesos e jogadores ágeis, perigosos. Além disso, às vezes os escravos se machucavam durante o jogo, o que era economicamente indesejável.

Reprodução

Contribuição na culinária

É impossível falar da influência dos africanos sem lembrar da herança que eles deixaram para a nossa alimentação. Acarajé, mungunzá, quibebe, farofa e vatapá são apenas alguns exemplos que se tornaram dignos representantes da culinária brasileira. Os africanos trouxeram ao Brasil o gosto por novos temperos e a habilidade de improvisar receitas, misturando ingredientes europeus e indígenas.

As negras africanas começaram a trabalhar nas cozinhas dos Senhores de Engenho e introduziram novas técnicas de preparo e tempero dos alimentos. Também adaptaram seus hábitos culinários aos ingredientes do Brasil. Assim, foram incorporados aos nossos hábitos alimentares o angu, o cuscuz, a pamonha e a feijoada (nascida nas senzalas e preparada a partir das sobras de carne das refeições que alimentavam os senhores), assim como o uso do azeite de dendê, do leite de coco, temperos e pimentas, de panelas de barro e de colheres de pau.

Todos os pratos vindos do continente africano foram reelaborados e recriados no Brasil com os elementos locais. O dendê, originário do Oeste da África e trazido ao Brasil pelos portugueses para queimar em lamparinas e iluminar as noites escuras do novo continente, logo foi parar na panela das mucamas. A partir dessas influências africanas no Brasil, podemos compreender que o Estado brasileiro foi constituído a partir de diferentes matrizes étnicas e culturais formando, então, uma sociedade multicultural.

Observe as imagens a seguir...

Acarajé

Vatapá

VataaPolentapá

Você já comeu algum desses alimentos?

Veja alguns exemplos de comidas que são contribuições dos povos africanos e seus descendentes, e que chegam à nossa mesa:

Acarajé: Bolo de feijão fradinho temperado e moído com sal, cebola e camarão seco, frito em azeite de dendê.

Vatapá: Papa de farinha de mandioca temperada com azeite de dendê e pimenta, servida com peixes e crustáceos.

Feijoada: Preparada de acordo com o gosto de cada um, surgiu nas senzalas. Era feita pelos escravos, que cozinhavam o feijão – nas horas de seus raros intervalos – aproveitando os restos do porco (orelha, pés e rabo), jogados fora pelos seus senhores.

7. O racismo

As desigualdades sociais construídas historicamente com base na exploração econômica, na violência e na escravidão, geraram um modo desigual de pensar e agir. Várias são as incompreensões existentes entre os termos **preconceito**, **racismo** e **discriminação**.

O documento "**Brasil, Gênero e Raça**", lançado pelo Ministério do Trabalho, os define como:

Racismo: Ideologia que postula a existência de hierarquia entre grupos humanos;

Preconceito: Uma indisposição, um julgamento prévio e negativo que se faz de pessoas estigmatizadas por estereótipos;

Estereótipo: Atributos dirigidos a pessoas e grupos formando um julgamento *a priori*, um carimbo. Uma vez 'carimbados' como possuidores deste ou daquele 'atributo', as outras pessoas deixam de avaliar esses membros pelas suas reais qualidades, passando a julgá-las pelo carimbo;

Discriminação: É o nome dado à conduta (ação ou omissão) que viola direitos das pessoas com base em critérios injustificados e injustos, tais como a raça, o sexo, a idade, a opção religiosa, entre outros.

O preconceito racial tem moldado as sociedades desde o início dos tempos e ainda persiste na contemporaneidade. Na tentativa de superar o racismo, as sociedades modernas elaboraram e aprovaram legislações para garantir que a dignidade humana de todos os negros seja respeitada, assim como todos os seus direitos de cidadãos.

No Brasil, a Constituição de 1988 – no Art. 5º, inc. XLII – passou a considerar a prática do racismo como crime inafiançável e imprescritível.

8. Racismo é crime inafiançável e imprescritível (Art. 5ª, XLII, CF)

Segundo a Constituição Federal, todos são iguais perante a lei, sem distinção de qualquer natureza. A carta diz também que constituem princípios fundamentais da República Federativa do Brasil a promoção do bem comum, sem preconceitos de origem, raça, sexo, cor, idade ou quaisquer outras formas de discriminação. Dentre os crimes resultantes de preconceitos de raça ou de cor punidos pela lei, estão os seguintes:

Leis 7.716/89 e 9.459/97

- Impedir ou obstar o acesso de alguém devidamente habilitado, a qualquer cargo da Administração Pública, bem como negar ou impedir emprego em empresa privada;
- Recusar, negar ou impedir a inscrição de aluno em estabelecimento de ensino público de qualquer grau;
- Impedir o acesso ou recusar o atendimento nos seguintes locais: a) restaurantes, bares e confeitarias; b) estabelecimentos esportivos, casas de diversões e clubes sociais abertos ao público; c) hotéis, pensões e estalagens;
- Impedir o acesso às entradas sociais em edifícios públicos ou residenciais, e respectivos elevadores ou escadas de acesso.

Textos originais disponíveis em: http://www.planalto.gov.br/Ccivil_03/LEIS/L7716.htm e http://www.planalto.gov.br/ccivil_03/LEIS/L9459.htm

Ibrahim-rifath - unsplash

Unidade 5
Fatos históricos afro-brasileiros

Como aprendemos na unidade anterior, os africanos tiveram um papel importante no processo da formação cultural brasileira, pois através da inserção de suas práticas e de seus costumes em nossa sociedade, foi possível formar uma identidade cultural afro-brasileira. Para que possamos preservar essa identidade cultural em nossa memória, e também em nosso cotidiano, segue um calendário com alguns fatos marcantes para a história afro-brasileira.

Ian Macharia - unsplash

Calendário

1. Calendário de fatos históricos e marcos culturais afro-brasileiros

Janeiro

01 (1804) Independência do Haiti.

(1863) Lincoln assina a Proclamação de Emancipação, abolindo a escravatura nos Estados Unidos.

(1883) A primeira libertação coletiva de escravos no Brasil acontece na Vila de Acarapé, no Ceará – hoje chamada Redenção.

(1985) Monica de Veyrac, primeira diplomata negra da história do Itamaraty, morre na Costa Rica.

02 (1771) Fundação da Irmandade do Rosário dos Homens Pretos em São Paulo/SP.

03 (1943) Fundação da União dos Homens de Cor em Porto Alegre/RS.

05 (1989) A Lei nº 7.716 – denominada Lei Caó – define os crimes resultantes de preconceitos de raça ou de cor.

06 (1873) Nascimento de Juliano Moreira, em Salvador/BA. Ele foi considerado o pai da psiquiatria brasileira.

(1881) O jornalista José Ferreira de Menezes – promotor público abolicionista e autor de "O Punhal de Marfim", "O Tropeiro", "Jaques Serafim" e "Poverino" – morre no Rio de Janeiro.

07 (1855) Nascimento de Teodoro Fernandes Sampaio, "Teodoro Sampaio", em Bom Jardim, município de Santo Amaro/BA.

(1912) Criação do Congresso Nacional Africano – CNA. A agremiação política se notabilizou na luta contra o Apartheid na África do Sul e era formada por um grupo composto por advogados, jornalistas, professores e líderes negros.

12 (1840) Nascimento de Dom Silvério Gomes Pimenta em Congonhas/MG. Ele foi um dos precursores da igreja progressista e ocupou a cadeira de Alcindo Guanabara na Academia Brasileira de Letras.

(1855) Aos 16 anos, o escritor Joaquim Maria Machado de Assis publica o seu primeiro texto, a poesia "Ela".

(2001) O atleta olímpico Adhemar Ferreira da Silva, cinco vezes recordista mundial de salto triplo, morre aos 74 anos de idade.

13 (1838) Nascimento de André Pinto Rebouças, "André Rebouças", na cidade de Cachoeira/BA. Ele foi engenheiro e professor universitário.

15 (1929) Nascimento de Martin Luther King Jr. em Atlanta, na Geórgia. Por sua luta contra a discriminação racial e os direitos civis nos Estados Unidos, venceu o Prêmio Nobel da Paz em 1964.

19 (1849) Acontece a Revolta do Queimado, principal movimento de luta contra a escravidão do estado do Espírito Santo/ES.

20 (1931) Nascimento de Beatriz Moreira da Costa em Cachoeira do Paraguaçu/BA. A *Ialorixá* Mãe Beata de Iemanjá, foi escritora, militante negra e social, e autora do livro "Caroço de dendê – A sabedoria dos terreiros".

Insurreição dos queimados

23 (1963) Início da luta armada em Guiné-Bissau, primeira colônia portuguesa a se tornar independente.

24 (1835) Início da Revolta dos Malês, em Salvador (BA). A insurreição urbana mais importante dos escravos brasileiros contabilizou 100 mortos e 281 presos.

24 (1924) Circula o primeiro exemplar do jornal "O Clarim".

26 (1950) É realizada a primeira apresentação do Teatro Folclórico Brasileiro, no Teatro Ginástico do Rio de Janeiro.

27 (1949) Nascimento de Djavan Caetano Viana, "Djavan", em Maceió/AL. Ele é um dos cantores e compositores mais importantes da MPB.

29 (1905) José do Patrocínio, "O Tigre da Abolição", morre no Rio de Janeiro devido a hemoptise.

31 (1839) É promulgada a sentença do escravo Manuel Congo, condenado à morte. Os demais escravos participantes da Insurreição Negra de Paty do Alferes são condenados com 650 açoites e gonzo de ferro no pescoço.

31 (1865) Pressionada pela Casa Branca, a Câmara dos Deputados aprova a XIII Emenda à Constituição abolindo para sempre a escravidão nos Estados Unidos.

Fevereiro

02 (1813) Assinada a Lei do Ventre Livre no Uruguai.
(1988) O plenário da Constituinte aprova a Emenda de autoria do Deputado Federal Carlos Alberto de Oliveira – Caó, do PDT/RJ – estabelecendo o racismo como crime inafiançável e imprescritível.

03 O governo de Frederick de Klek anuncia a libertação iminente de Nelson Mandela, após 26 anos, de prisão apresentando um pacote de medidas: a legalização do Congresso Nacional Africano, o fim da pena de morte e a soltura dos presos políticos sem envolvimento em mortes ou atos de

terrorismo. O líder negro, no entanto, exige mais concessões para ser libertado.

(1741) Alvará manda marcar com um "F" a espádua[1] dos escravos fugitivos em Minas Gerais.

04 (1961) A luta armada pela independência tem início na Angola.

05 (1924) Nascimento de Dona Ana Bororó em Campos/RJ. Ela foi uma importante partideira[2].

06 (1694) O Quilombo dos Palmares é destruído.

(1945) Nascimento de Robert Nesta Marley, em Nine Mile-Sant'ana, no norte da Jamaica. Chamado de Bob Marley, ele foi a maior estrela do *reggae* jamaicano.

07 (1901) Nascimento de Clementina de Jesus da Silva, a "Mãe Quelé", no bairro Carambita, em Valença/RJ – a "capital do vale da escravidão".

10 (1894) Nascimento de Maria Escolástica da Conceição Nazaré, a "Mãe Menininha do Gantois", em Salvador/BA.

(1969) O governo do General Médici proíbe a publicação de notícias sobre índios, esquadrão da morte, guerrilha, movimento negro e discriminação racial.

11 (1990) Nelson Mandela é libertado pelo governo racista da África do Sul.

12 (1938) Nascimento de Martinho José Ferreira, "Martinho da Vila", em Duas Barras/RJ. Cantor e compositor, ele é um dos criadores do samba carioca e um dos maiores impulsionadores das relações culturais entre o Brasil e o continente africano.

15 (1796) Francisca da Silva, a lendária "Chica da Silva", morre aos 70 anos no Arraial do Tijuco – atual Diamantina/MG.

(1965) O cantor Nathaniel Adams Coles, "Nat King Cole", morre em um hospital de Santa Mônica/EUA, vítima de câncer.

17 (1973) Um dos maiores e mais importantes compositores brasileiros, Alfredo Viana Filho, "Pixinguinha", morre aos 75 anos.

Pixinguinha *Reprodução*

19 (1974) Morre o poeta e ator Solano Trindade em Santa Teresa, no Rio de Janeiro.

20 (1696) Publicada a Carta Régia que declara que "*sendo presente o demasiado luxo das escravas no Brasil, deve-se evitar o excesso e o mau exemplo que dele pode seguir-se*".

21 (1965) Malcolm X, incontestável líder dos muçulmanos negros americanos, morre em Nova Iorque/EUA.

22 (1853) É destruído um quilombo na localidade entre os Arroios Sampaio

---

[1] *Espádua; ombro. A parte mais elevada dos membros anteriores dos quadrúpedes. Disponível em: https://michaelis. uol.com.br/moderno-portugues/busca/portugues-brasileiro/esp%C3%A1dua/.*

[2] *Diz respeito a "partido alto", um estilo de samba marcado pela roda de improviso em que os participantes vão alternando o canto; geralmente tem a presença de um coro. Disponível em: https://www.dicionarioinformal.com.br/partideiro/.*

e Taquari Mirim, em Rio Pardo/RS.

23 (1953) Nascimento de Antônio Pompêo, ator e artista plástico.

24 (1943) Nascimento de Geraldo Simplício, "Nêgo", em Aurora/CE.

25 (1900) Nascimento de João Francisco dos Santos em Glória do Goitá/PE. Conhecido por "Madame Satã", foi o primeiro travesti artista do Brasil e um famoso malandro do Rio de Janeiro.

(1945) O poeta, romancista, crítico de arte e crítico literário, Mário Raul de Moraes Andrade, "Mário de Andrade", autor de "Macunaíma – O Herói sem Nenhum Caráter", morre na capital São Paulo.

(1964) O pugilista Cassius Clay ganha o título de Campeão Mundial de Boxe (na categoria peso pesado) ao derrotar Sonny Liston em Miami, na Flórida/EUA.

26 (1939) Nascimento de Wilson Simonal de Castro, "Wilson Simonal", no Rio de Janeiro.

27 (1844) Independência da República Dominicana.

(1955) Fundação do G.R.E.S. Estácio de Sá, no Rio de Janeiro. O nome inicial da escola era São Carlos, a partir de 1983 passou a se chamar Estácio de Sá. Cores: vermelho e branco.

(1965) O líder americano Malcolm X é sepultado em Hartsdale, Nova Iorque.

(1986) Maria Joanna Monteiro, a "Vovó Maria Joanna", morre no Rio de Janeiro aos 83 anos, vítima de edema pulmonar.

(1989) José Benedito Correia Leite – militante negro, ativista na imprensa negra paulista e fundador de jornais como "O Clarim d'Alvorada" e "A Chibata" – morre aos 88 anos, na cidade de São Paulo.

Março

02 (1807) A lei proibindo o tráfico de escravos africanos nos Estados Unidos é aprovada.

03 (1687) No Pernambuco, o paulista Domingos Jorge Velho assina um contrato com o governador da capitania – que se dispunha a destruir o Quilombo dos Palmares.

(1835) Em discurso na Bahia, Francisco de Souza Martins afirma que era necessário *"fazer sair do território brasileiro todos os libertos africanos perigosos à nossa tranquilidade"*.

(1985) O artista plástico Gabriel Joaquim dos Santos, autor da "Casa da Flor" – uma inacreditável obra de arte arquitetônica feita com cacos de louça colorida –, morre em São Pedro da Aldeia/RJ, aos 92 anos.

04 (1835) A Regência defere o pedido de deportação dos africanos libertos envolvidos na Revolta dos Africanos – ou Revolta dos Malês – ocorrida nas noites de 24 e 25 de janeiro.

06	(1957) Gana torna-se o primeiro país independente na África negra.
08	Dia Internacional da Mulher.
	(1996) Na África do Sul é aprovada uma nova Constituição abolindo oficialmente o Apartheid – regime racista dominado pela minoria branca.
09	(1950) Nascimento de Paulo Eduardo de Oliveira, "Paulo Colina", em Colina/SP. O poeta publicou "Fogo Cruzado" e "Senta que o Dragão é Manso" e participou da "Antologia Contemporânea da Poesia Negra Brasileira" e "Cadernos Negros".
	(1988) É realizado o I Encontro de Franciscanos Negros em Petrópolis/RJ.
14	(1550) Antônio de Noto, também conhecido como "Antônio Etíope", morre na Sicília e é venerado no Brasil como Santo Antônio do Categeró.
	(1847) Nascimento de Antônio de Castro Alves em Muritiba/BA, na Fazenda Cabeceiras. Um dos mais populares "poeta dos escravos" do país, é autor de "Vozes d'África", "Navio Negreiro", "A Cachoeira de Paulo Afonso", "Saudação aos Palmares", "Adormecida", entre outros.
	(1914) Nascimento de Abdias do Nascimento em Franca/SP. O artista e homem público fundou o TEM – Teatro Experimental do Negro.
	(1945) O compositor e maestro Antônio Francisco Braga morre no Rio de Janeiro.
	(1871) O jornal "O Abolicionista" é lançado em Salvador/BA.
16	(1919) O cantor e pianista Nathaniel Adams Coles, "Nat King Cole", nasce em Montgomery, Alabama/EUA.
19	(1988) O I Encontro Estadual de Conscientização e Cidadania Negra acontece no estado do Rio de Janeiro.
	(1849) Acontece a Revolução dos Queimados, no Espírito Santo.
20	(1838) O governo de Sergipe proíbe que portadores de doenças contagiosas e africanos, "*quer livres, quer libertos*", frequentem escolas públicas.
21	Comemoração da Semana da Solidariedade com os Povos em Luta Contra o Racismo e a Discriminação.
	(1983) Dia Internacional de Luta pela Eliminação da Discriminação Racial; o Decreto nº 6.627 de 21/03/83 instituiu o dia 21 de março como o "Dia Internacional para Eliminação da Discriminação Racial" em todo o território do Rio de Janeiro.
25	(1884) Proclamação da libertação final de todos os escravos existentes na Província do Ceará.
	(1935) Criação do jornal "A Voz do Morro" no Rio de Janeiro.
28	Fundação do Clube Abolicionista em Pelotas/RS.
31	(1924) O estadista, político e parlamentar brasileiro Nilo Peçanha, morre no Rio de Janeiro.

Abril

Nilo Peçanha

02 (1882) Nascimento de Francisco Biquiba dy Lafuente Guarany em Santa Maria da Vitória/BA. Ele foi um famoso escultor de carrancas do Rio São Francisco.

04 (1989) É realizado o I Encontro de Padres e Bispos Negros em São Paulo.

(1960) Independência do Senegal.

(1968) Assassinato de Martin Luther King, em Memphis/EUA.

05 (1889) Nascimento de Vicente Ferreira Pastinha, o "Mestre Pastinha", em Salvador/BA. Ele foi considerado o maior guardião da capoeira angolana.

06 (1951) Maria Salomé da Silva Santos, primeira mulher e única negra a tocar órgão na catedral de Pelotas, morre em Pelotas/RS.

08 (1988) Por sua contribuição ao cenário artístico brasileiro, a atriz Ruth de Souza recebe a Comenda do Grau Oficial da Ordem do Rio Branco da República Federativa do Brasil, em Brasília.

09 (1968) Martin Luther King, líder dos direitos civis americanos, é enterrado em Atlanta/EUA.

10 (1942) Nasce, no Rio de Janeiro, a Orquestra Brasileira Afro-brasileira, idealizada pelo Maestro Abgail Moura.

11 (1899) Em correspondência à Nina Rodrigues, o Dr. Remédios Monteiro externa sua opinião de que "...*a raça negra tende a desaparecer em Santa Catarina por efeito do clima: as crianças anemiam-se, escrofulizam-se e tuberculizam-se enquanto as que não são de tal origem, criam-se bem*".

(1926) Surge o Conjunto Oswaldo Cruz no Rio de Janeiro – rebatizado como "*Vai como Pode*" em 1928 e G.R.E.S. Portela em 1936.

15 (1868) Nascimento de Antônio Francisco Braga no Rio de Janeiro. Ele foi um grande compositor e maestro.

23 (1897) Nascimento de Alfredo da Rocha Viana Júnior no bairro da Piedade, no Rio de Janeiro. O compositor e músico foi imortalizado por compor músicas como "Rosa", "Ingênuo", "Lamento" e "Carinhoso".

23 (1964) Aos 47 anos, Nelson Mandela, cuja brilhante defesa não o livrou da prisão perpétua, é condenado e levado para a Ilha de Robben – uma prisão de segurança máxima para presos políticos.

23 (1970) José Maria Vianna Rodrigues, primeiro professor negro a lecionar na Universidade Federal do Rio Grande do Sul, morre em Porto Alegre/RS.

24 (1991) A Lei nº 1.814 é sancionada no Rio de Janeiro, estabelecendo sanções de natureza administrativa aplicáveis a qualquer tipo de discriminação em razão de etnia, raça, cor, crença religiosa ou portadores de deficiência.

26-28 (1994) Realização das primeiras eleições multirraciais na África do Sul, com vitória de Nelson Mandela.

27 (1994) É realizada a primeira eleição nacional livre sem a utilização de critérios raciais na África do Sul, com apoio maciço da população negra sul-africana que, pela primeira vez na história do país, compareceu às urnas para escolher seus representantes. O CNA – Congresso Nacional Africano conquistou 62,6% dos votos e o líder Nelson Mandela acabou eleito presidente da África do Sul.

Nelson Mandela

Maio

01 (1884) O primeiro número do jornal "Vinte e Cinco de Março", de propriedade de Carlos Lacerda – inimigo radical da escravatura – circula em Campos/RJ, contendo matéria insinuando que os abolicionistas daquela cidade se utilizavam de métodos violentos *"quando necessário"*, com vistas ao alcance de seus objetivos.

02 (1994) Nelson Mandela recebe a faixa presidencial de Frederick de Klerk, com a atenção de todo o planeta e presença de inúmeras personalidades, dentre as quais Coretta King (viúva de Martin Luther King), tornando-se o primeiro negro a presidir o país.

03 (1933) O médico psiquiatra Juliano Moreira, que ocupou o cargo de diretor geral da Assistência à Psicopatas durante 20 anos, morre no Rio de Janeiro.
(1865) A ordem de São Bento institui o regime de "Ventre Livre" em suas propriedades.
(1954) Benjamim de Oliveira, o rei dos palhaços do Brasil, morre em uma manhã de domingo no Rio de Janeiro.
(1990) Um dos maiores estilistas entre os jogadores de defesa do futebol brasileiro, Djalma Pereira Dias Jr., "Djalma Dias", morre no Hospital Pedro Ernesto, em Vila Isabel/RJ, aos 50 anos, vítima de infarto cerebral agudo.

05 (1917) Nascimento de Vicentina de Paula Oliveira, "Dalva de Oliveira", em Rio Claro/SP. Durante a carreira, canções como "Ave Maria no Morro", "Vingança" e "Máscara Negra" foram eternizadas na voz da cantora.
(1952) Fundação da Associação das Escolas de Samba do Brasil – AESB – no Rio de Janeiro.

09 (1942) Nascimento de Nei Braz Lopes, "Nei Lopes", no Rio de Janeiro. Ele foi um grande escritor, filólogo, bacharel em Direito, poeta, compositor e sambista.

10 (1994) O líder Nelson Mandela assume a presidência da África do Sul.

12 Dia Consagrado à Escrava Anastácia.

(1931) Nascimento de Ruth Pinto de Souza, "Ruth de Souza", no Rio de Janeiro. Ela é atriz.

13 (1881) Nascimento de Afonso Henrique Lima Barreto. Ele foi uma das maiores expressões da literatura brasileira que, dentre as verdadeiras obras-primas, escreveu "Recordações do Escrivão Isaías Caminha", "Triste Fim de Policarpo Quaresma", "Clara dos Anjos" e "Vida e Morte de M. J. Gonzaga de Sá".(1888) A Princesa Isabel assina a Lei Áurea, declarando extinta a escravidão no Brasil – último país da América a libertar seus escravos.

14 (1835) Líderes da Revolta dos Malês, os libertos Jorge da Cunha Barbosa e José Francisco Gonçalves, além dos escravos Gonçalo, Joaquim e Pedro, são fuzilados no Campo da Pólvora, em Salvador/BA.

17 (1954) Nos Estados Unidos, a Suprema Corte bane a segregação racial em escolas públicas.

(1986) A gaúcha Deise Nunes de Souza é coroada a primeira Miss Brasil negra.

18 (1830) O baiano Antônio Ferreira França apresenta projeto de sua autoria, fixando a data de 25 de maio de 1881 para a *"total extinção da escravatura no país"*.

(1950) Criação do Conselho de Mulheres Negras no Rio de Janeiro.

(1987) O arcebispo sul-africano Desmond Tutu, Prêmio Nobel da Paz em 1984, chega ao Brasil para visita de uma semana.

21 (1969) Morre o Marechal João Batista de Mattos, primeiro negro a atingir esse posto no Exército Brasileiro.

(1981) É realizado na Jamaica o funeral cerimonioso do cantor e compositor Bob Marley.

22 (1908) Nascimento de Silvio Antônio Narciso de Figueiredo Caldas, "Silvio Caldas", no bairro de São Cristóvão/RJ. Ele foi um grande cantor e compositor.

23 (1979) Fundação do Bloco-Afro Malê Debalê em Salvador/BA.

(1988) O sambista salgueirense Geraldo Soares de Carvalho, "Geraldo Babão", morre no Rio de Janeiro.

24 (1974) O compositor e regente Edward Kennedy Ellington, "Duke Ellington", morre em Nova Iorque.

28 (1954) Nascimento de João Carlos de Oliveira, "João do Pulo", em Pindamonhangaba/SP. Atleta, foi recordista mundial no salto triplo.

29 (1999) O atleta João Carlos de Oliveira, "João do Pulo", morre em São Paulo aos 45 anos, vítima de falência múltipla de órgãos em decorrência de cirrose hepática e infecção generalizada.

Junho

07 — É publicada a Lei nº 420, Cap. III, Art. 2, proibindo escravos de aprender ofícios. (1839) O filósofo, poeta e jurista Tobias Barreto de Menezes nasce em Campos do Rio Real/SE. Entre suas obras destacam-se "Ensaios e Estudos de Filosofia e Crítica", "Dias e Noites", "Um discurso em mangas de camisa" e "Introdução ao Estudo do Direito".

09 — (1924) Jorge Leandro Andrade, centromédio da seleção uruguaia de futebol, torna-se o primeiro negro a conquistar uma medalha olímpica ao derrotar a Seleção Suíça na final dos Jogos de Paris.

10 — Aprovada a Lei Penal do Escravo instituindo: *Art. 1. — Serão punidos com a pena de morte os escravos e escravas que matarem, por qualquer maneira que seja, propinarem veneno, ferirem gravemente ou fizerem outra qualquer grave ofensa física, a seu senhor, a sua mulher, a descendentes ou ascendentes que em sua companhia morarem, a administrador, feitor e as suas mulheres que com eles viverem.*

11 — (1964) Nelson Mandela, Walter Sisulo, Elias Motsoaledi, Govan Mbeki, Raymond Mhlaba, Achmat Kathrada, Dennis Goldberg, Elias Motsoaledi são condenados à prisão perpétua.

(1985) Atendendo às reivindicações feitas pelo Centro de Estudos Afro-Orientais em 1983, e das entidades negras em 1984, o então Secretário de Educação da Bahia, Prof. Edivaldo Boaventura, assina a portaria nº 6.068, incluindo nos currículos de 1º e 2º graus a disciplina "Introdução aos Estudos Africanos".

15 — (1909) Nilo Peçanha assume a Presidência da República no Brasil.

16 — (1963) Surge, em Campinas/SP, o jornal "Correio de Ébano".

19 — (1880) O jurista, parlamentar e político brasileiro Antônio Pereira Rebouças morre aos 81 anos, no Rio de Janeiro.

20 — (1990) O líder sul-africano Nelson Mandela é aclamado por cerca de 800 mil pessoas nas ruas de Manhattan, Nova Iorque/EUA.

21 — (1830) Nascimento de Luiz Gonzaga Pinto da Gama, "Luiz Gama", na cidade de Salvador/BA. Escritor, fundador da imprensa humorística em São Paulo e advogado autodidata, ele conseguiu libertar nos tribunais mais de quinhentos escravos fugidos.

(1839) Nascimento de Joaquim Maria Machado de Assis, "Machado de Assis", no Morro do Livramento/RJ. Ele foi poeta, romancista, crítico, contista e cronista, primeiro presidente da Academia Brasileira de Letras, autor de "A Mão e a Luva", "Memórias Póstumas de Brás Cubas", "Quincas Borba", "Dom Casmurro", entre outras obras.

Machado de Assis
Reprodução

24 — (1880) Nascimento de João Cândido Felisberto na Vila São José, em Encruzilhda do Sul, distrito de Rio Pardo/RS. "Almirante Negro", foi o líder da Revolta da Chibata.

Julho

03 (1951) É aprovada a Lei Afonso Arinos, que inclui entre as contravenções penais a prática de atos resultantes de preconceito de raça ou de cor.

06 (1891) Morre o cantor, instrumentista, professor e compositor José do Patrocínio Marques Tocantins.

(1871) Antônio de Castro Alves, o "Poeta dos Escravos", morre em Salvador/BA aos 24 anos.

10 (1884) Abolição da escravatura negra na província do Amazonas.

11 (1834) Nascimento de Antônio Carlos Gomes em Campinas/SP.

(1901) Nascimento de Antonieta de Barros em Florianópolis. Ela foi escritora, educadora e deputada constituinte por Santa Catarina, em 1935.

14 (1919) É lançado o primeiro número do Jornal "A Liberdade", em São Paulo.

16 (1930) O Papa Pio XI declara Nossa Senhora Aparecida a Padroeira do Brasil.

17 (1862) O presidente dos Estados Unidos, Abrahan Lincoln, torna lei uma medida que dava liberdade a todos os escravos vindos de senhores rebeldes para territórios ocupados pela União.

18 (1918) Nascimento de Nelson Mandela perto de Umtata, capital da reserva de Transkei, na África do Sul. Ele foi um dos maiores nomes do nosso século.

25 (1908) Nascimento de Solano Trindade em Recife/PE, na Rua do Nogueira, em um bairro pobre. Poeta, pintor, teatrólogo, ator e folclorista, fundou a Frente Negra Pernambucana do Centro de Cultura Afro-Brasileiro para divulgação de artistas negros e do Teatro Popular Brasileiro.

(1880) Com a presença do Maestro Carlos Gomes, a primeira conferência abolicionista é realizada no Teatro São Luiz, no Rio de Janeiro.

Solano Trindade

Agosto

01 (1991) O líder sul-africano Nelson Mandela inicia a visita de seis dias ao Brasil.

02 (1859) O Deputado Federal cearense Silva Guimarães apresenta lei acabando com a escravidão no Brasil.

03 Dia internacional em memória da escravidão e da abolição.

10 (1798) Nascimento de Antônio Pereira Rebouças em Maragogipe/BA. Ele foi jurista, parlamentar e político.

12 (1798) Início de um movimento revolucionário em Salvador/BA, conhecido por Conjuração Baiana – ou Revolução dos Alfaiates.

13 (1986) Morre, na Bahia, a Mãe "Menininha do Gantois".

19 (2017) Pelo segundo ano consecutivo, o terceiro na história brasileira, uma mulher negra é eleita Miss Brasil: Monalysa Alcântara, Miss Piauí.

23	Dia internacional para recordar o comércio de escravos e a abolição.
24	(1882) Morre o abolicionista Luiz Gama, vítima de diabetes.
26	(1950) Surge, em São Paulo, o Jornal "Mundo Novo".
28	(430 d.C.) Morre Santo Agostinho.
	(1887) O Festival Abolicionista é realizado no teatro São Joaquim, em Goiás.
	(1963) Acontece a marcha dos negros em favor dos direitos civis em Washington, EUA. A "Marcha sobre Washington" reuniu mais de 250 mil norte-americanos de diferentes formações religiosas e étnicas em favor da integração racial.
29	(1730) Nascimento de Antônio Francisco Lisboa, o "Aleijadinho", na Vila Rica – hoje Ouro Preto/MG. Ele foi um famoso escultor.
30	(1922) O teólogo, poeta, bispo e pregador Silvério Gomes Pimenta morre em Mariana/MG.
	(1986) Durante o III Encontro de Religiosos Negros, é solicitado à Santa Sé – através do cardeal ecumenista Willes Brands – a instituição do rito católico afro-brasileiro.
31	(2001) Abertura oficial da III Conferência das Nações Unidas contra o racismo, a xenofobia e a intolerância correlata em Durban, África do Sul.

Aleijadinho e suas obras

Setembro

04	(1885) Morre o músico, compositor e regente Joaquim José de Mendanha.
	(1996) Lançamento da revista "Raça Brasil" em São Paulo.
04	(1850) Promulgação da Lei Eusébio de Queiroz – segunda lei contra o tráfico de escravos, marcando a extinção do mesmo.
06	(1884) São iniciadas manifestações populares na cidade de Porto Alegre/RS, que se estendem até o dia seguinte em comemoração à libertação de todos os negros escravizados naquela cidade.
	(1839) O quilombola Manuel Congo é enforcado em Vassouras/RJ.
	(1839) Martírio de Manuel Congo, líder do Quilombo de Vassouras, no Rio de Janeiro.
07	(1884) Fundação da Sociedade Abolicionista Sete de Setembro, em Salvador/BA.
	(1884) Libertação dos Escravos em Porto Alegre.
12	(1977) Martírio de Steve Biko, preso na África do Sul.
15	(1869) Proibição da separação entre pais e filhos, marido e mulher, quando vendidos como escravos.
16	(1896) Morre, no estado do Pará, o compositor Antônio Carlos Gomes.
	(1931) Criação da Frente Negra Brasileira, em São Paulo, tendo como

principais fundadores Arlindo Vieira dos Santos, Isaltino Vieira dos Santos, Gervásio de Moraes e Roque Antônio dos Santos.

18 (1945) Getúlio Vargas assina decreto reabrindo a imigração para o Brasil.

21 (1990) A Lei nº 8.081 altera a Lei Caó – de 5 de janeiro de 1989 – esclarecendo os crimes e as penas aplicáveis aos atos discriminatórios de raça, cor, religião, etnia ou procedência nacional, praticados pelos meios de comunicação ou por publicação de qualquer natureza.

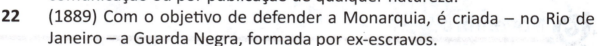

Maestro Carlos Gomes

22 (1889) Com o objetivo de defender a Monarquia, é criada – no Rio de Janeiro – a Guarda Negra, formada por ex-escravos.

22 (1928) Nascimento de Onofre Paulo, "Fumaça", no bairro da Lapa/RJ. Ele foi artista plástico e compositor.

28 (1871) Assinatura da Lei do Ventre Livre – Lei nº 2.040.

(1885) Assinatura da Lei do Sexagenário – Lei nº 3.270 – regulando a "extinção gradual do elemento servil".

29 (1908) Morre o escritor Joaquim Maria Machado de Assis, "Machado de Assis", no Rio de Janeiro.

Outubro

02 (1867) Nascimento de Nilo Peçanha na Freguesia de Nossa Senhora da Penha, no Morro do Coco, localizado no município de Campos/RJ. Ele foi um estadista, político e parlamentar brasileiro.

(2016) Após 30 anos do título de Deise Nunes, Raissa Santana (do Paraná) é eleita a segunda Miss Brasil negra na história do Brasil.

05 (1988) Entra em vigor a nossa Constituição Federal, criminalizando o racismo – Art. 5º XLII – e determinando a titulação das terras remanescentes de quilombos – Art. 68 ADCT.

07 Dia de Nossa Senhora do Rosário, padroeira dos afro-brasileiros.

09 (1893) Nascimento de Mário Raul de Morais Andrade, "Mário de Andrade", em São Paulo. Ele foi um poeta ficcionista, crítico e ensaísta.

(1853) Nascimento de José Carlos do Patrocínio, "José do Patrocínio", em Campos/RJ. Ele foi jornalista, orador, publicista e político.

Mário de Andrade

12 Dia da Raça Negra.
Dia de Nossa Senhora Aparecida.
(1851) Nascimento de José do Patrocínio Marques Tocantins, em Goiás. Cantor, instrumentista, professor e compositor, foi autor do "Cântico da Cerimônia do Lava pés" e "Salutaris Hóstia".

(1931) O Estatuto da Frente Negra Brasileira é aprovado na presença de mais de mil pessoas.

13 Fundação do T.E.N. – Teatro Experimental do Negro, no Rio de Janeiro.

15 Morre no Rio de Janeiro, o professor, literato e político, Teodoro Sampaio.

16 (1884) Libertação dos escravos em Pelotas/RS.
(1886) Publicação de Lei proibindo o açoite nos castigos aos escravos.

30 (1918) Nascimento de José Maria Vianna Rodrigues em Porto Alegre/RS. Ele foi o primeiro professor negro a lecionar na Universidade Federal do Rio Grande do Sul.

Novembro

01 (1880) Circula, no Rio de Janeiro, o primeiro número de "O Abolicionista" – órgão da "Sociedade Contra a Escravidão".
(1922) Escritor Lima Barreto morre no Rio de Janeiro, aos 45 anos – 48 horas antes do falecimento de seu pai.

06 (1866) Decreto Imperial determina a alforria de todos os escravos da nação alistados para a Guerra do Paraguai.

08 (1799) São enforcados e esquartejados, na cidade de Salvador/BA, os alfaiates João de Deus Nascimento e Manuel Faustino dos Santos Liro, além dos soldados, Lucas Dantas de Amorim Torres e Luís Gonzaga das Virgens – líderes da Revolta dos Alfaiates ou Conjuração Baiana.

13 (1981) Vicente Ferreira Pastinha, "Mestre Pastinha", morre aos 92 anos em Salvador/BA.

20 Dia Nacional da Consciência Negra.
(1695) Martírio do líder negro Zumbi dos Palmares.
(1995) Marcha Zumbi contra o racismo, pela cidadania e pela vida.
(1996) O Presidente da República Fernando Henrique Cardoso sanciona Lei, de autoria da Senadora Benedita da Silva, que inclui Zumbi dos Palmares na galeria dos heróis nacionais.

Zumbi dos Palmares

22 Dia do Almirante Negro, "Marinheiro João Cândido" líder da Revolta da Chibata em 1910, instituído por Lei Municipal no Rio de Janeiro – nº 1.234 de 12/05/88, de autoria do Vereador Jorge Ligeiro.
(1910) João Cândido lidera a Revolta da Chibata no Rio de Janeiro. As metas consistiam na abolição dos castigos corporais, melhoria do soldo e da alimentação para os marinheiros que eram tratados como escravos.

26 (1910) Os marinheiros que se revoltaram contra a chibata – utilizada pela Marinha – entregam os navios em perfeito estado aos oficiais, encerrando a rebelião.

30 (1980) O compositor Angenor de Oliveira, "Cartola", morre aos 72 anos no Rio de Janeiro, vítima de câncer.

Dezembro

01 João Cândido, líder da Revolta da Chibata, é absolvido após julgamento.

04 (1910) Vinte e dois revoltosos contra a chibata – castigo físico dado aos marinheiros – são presos pelo governo brasileiro, acusados de conspiração.

05 (1697) Depois de resistir por 65 anos, o Quilombo dos Palmares é completamente destruído.

João Cândido

(2013) Nelson Mandela morre aos 95 anos, após ficar dois meses internado devido a uma infecção pulmonar.

06 (1969) João Cândido, o "Almirante Negro" e líder da Revolta da Chibata, morre no Rio de Janeiro vítima de câncer.

10 (1993) O líder sul-africano Nelson Mandela recebe o Prêmio Nobel da Paz em Oslo, Noruega.

(1996) Mandela assina a nova constituição da África do Sul, instituindo legalmente a igualdade racial.

11 (1950) Surge no Rio de Janeiro o jornal "Redenção".

14 (1890) Rui Barbosa determina a queima dos documentos relativos à Escravidão no Brasil.

(1944) Surge o Teatro Experimental do Negro, com Abdias do Nascimento.

17 (1663) Morre a Rainha Nzinga.

20 (1985) A Lei nº 7.437 inclui a prática de atos resultantes de preconceito de raça, cor, sexo ou de estado civil entre as contravenções penais, dando nova redação à Lei nº 1.390, de 3 de julho de 1951.

24 (1910) João Cândido, líder da Revolta da Chibata, é colocado na "solitária" do quartel-general da Marinha com mais 17 revoltosos.

Unidade 6
A chegada do cigano no Brasil

Os ciganos são grupos espalhados pelos cinco continentes que, entre outras coisas, se autodenominam *Rom*, *Calon* e *Sinti*. Sua história é marcada pelo preconceito até hoje. Atualmente somam cerca de 12 milhões de pessoas e possuem culturas, religiões e línguas diferentes. Alguns têm o dialeto, a profissão ou apenas a opção pela vida itinerante.

Pouco se sabe sobre a origem dos ciganos. No entanto, esses sujeitos viveram a diáspora, as perseguições, a escravidão e o genocídio.

Nesta unidade vamos conhecer um pouco sobre a fascinante história dos ciganos e suas contribuições à cultura brasileira.

Pintura de Maria do Carmo da Hora

1 A chegada do cigano no Brasil

Assim como a definição de sua identidade, as origens ciganas são incertas. A documentação conhecida indica que sua história (no Brasil) teve início em 1574, quando o cigano João Torres, sua mulher e seus filhos foram degregados – ou seja, expulsos para o Brasil.

Em Minas Gerais, a presença cigana é nitidamente notada a partir de 1718, quando os ciganos chegaram, vindos da Bahia – para onde haviam sidos deportados de Portugal. Em 1798 a população escrava representava 48,7% do total, o que dá uma ideia do mercado escravista no Brasil.

Aproveitando-se do aquecimento econômico atrelado ao estrondoso crescimento populacional vivido pela cidade do Rio de Janeiro, os ciganos estabelecidos de forma concentrada no campo de Santana apropriaram-se do espaço desocupado no mercado de escravo de segunda mão, que atendia aos proprietários de plantéis menores.

Os ciganos também comercializavam escravos por várias partes do interior do país, o que proporcionou uma valorização desses sujeitos. Alguns ciganos tornaram-se ilustres, patrocinando até festividades na corte. Neste momento acontecia a ascensão do movimento romântico na Europa, que repercutia no Brasil. O cigano era, então, a encarnação dos ideais da vida livre e integrada à natureza.

Enfim, na década de 1820, o movimento de prestígio começa a ruir com os movimentos políticos pela Independência, somando-se aos golpes fatais sobre o escravismo de 1850 a 1881, que culminaram em 1888.

② Curiosidade ou lenda

Desde o século XV a palavra "cigano" é utilizada como um insulto. O termo aparece registrado em português em "A farsa das ciganas", de Gil Vicente, provavelmente em 1521. Nesta obra, os ciganos são considerados como originários da Grécia (no século XIX, no Brasil, não se falava em origem grega ou indiana, apesar de ganhar cada vez mais força na Europa a explicação de que os ciganos teriam vindo de um subcontinente da Índia). No entanto, as menções sobre ciganos no Brasil dão conta de que eles são descendentes dos antigos egípcios.

Por aqui os ciganos afirmam que procedem do Egito e, conta a velha lenda que, por terem recusado hospedagem à Virgem Maria quando ela fugia, receberam como castigo a peregrinação sobre a terra de forma dispersa, sem pátria e por todo os tempos.

Segundo notícias do jornal de Juiz de Fora "Pharol", algumas vezes eles são chamados de turcos em função da sua facilidade em mascatear, pechinchar e comercializar. Pesquisadores (ciganos ou não) consagraram a distinção dos ciganos no ocidente em três grupos:

• O grupo demograficamente majoritário, que está distribuído por um número maior de países e dividido em vários subgrupos (*Natsia*, literalmente nação ou povo), com denominações próprias – como: *Kalderash*, *Matchvara*, *Lovara* e *Tchvrara* – teve sua história profundamente vinculada à Europa Central e aos *Balcãs*, de onde migraram (a partir do século XIX) para o leste da Europa e para a América. Estes são do grupo linguístico *Vlax Romani*.

• Numericamente expressivos na Alemanha, Itália e França, os *Sinti* – também chamados *Manovch* – falam a língua *sintó*. No Brasil, os primeiros *Sinti* chegaram ao país (provavelmente) no século XIX, vindos dos mesmos países europeus já mencionados.

• Os *Calon* – cuja língua é o *caló* – são ciganos que se diferenciam culturalmente devido ao prolongado contato com os povos da Península Ibérica, onde ainda são numerosos. Migraram para outros países europeus e da América, mas foi de Portugal que vieram para o Brasil – onde o grupo é maior. Embora os *Calon* tenham sido pouco estudados, acredita-se que não haja entre eles algo que os assemelhe à complexa subdivisão dos *Rom*.

3 População cigana no Brasil

Não se sabe quase nada sobre os ciganos brasileiros na atualidade. As pesquisas realizadas por aqui provam a existência de ciganos de pelo menos dois grupos diferentes: os *Calon* (que migraram para o país voluntária ou compulsoriamente a partir do século XVI) e os *Rom* (que, ao que tudo indica, migraram para o Brasil a partir de meados do século XIX). Nenhuma publicação trata de ciganos *Sinti*, os quais com certeza devem ter migrado para o Brasil junto com os colonos alemães e italianos, a partir do século XIX. Segundo dados oficiais de 1819 a 1959, migraram para o Brasil 5,3 milhões de europeus, dos quais 1,7 eram portugueses, 1,6 italianos, 694 mil espanhóis, 257 mil alemães e 125 mil russos. No desembarque, registrava-se apenas a nacionalidade dos imigrantes e não a sua identidade étnica. É mais do que provável, então, que no meio dos quase 2 milhões de imigrantes italianos e alemães, também tenham vindo para cá ciganos *Sinti* – principalmente durante e após a 2ª Guerra Mundial.

Segundo Villas Boas da Mota, os *Rom* brasileiros pertencem aos subgrupos *Kalderach*, que se consideram nômades e, por conseguinte, os verdadeiros guardiões da identidade cultural cigana. Os *Macwaia* eram propensos à sedentarização e inclinados à perca da identidade étnica; os *Rudari* (provenientes, sobretudo da Romênia) localizam-se em São Paulo e no Rio de Janeiro, e tem bom nível econômico e financeiro. Já os *Lovara* têm franco aceso cultural, fazendo-se passar por imigrantes italianos.

Em resumo: nada, absolutamente nada mais sabemos sobre o número de ciganos nômades, seminômades e sedentários atualmente existentes no Brasil, ou sobre sua distribuição geográfica.

4 Ciganos no Brasil do século XVII e XVIII

Com as fontes históricas conhecidas até agora, é impossível quaisquer dados históricos exatos sobre os ciganos no Brasil. As poucas informações que temos quanto ao surgimento desses grupos são do ano de 1686 no Maranhão e no Ceará. O interessante é que estes grupos de ciganos, deportados para o Ceará, eram (a princípio) transitórios, porque o destino final seria a Angola, mas acabaram permanecendo no Estado brasileiro.

Temos notícia também de muitos ciganos no Pernambuco, dentre os quais alguns solicitaram licença de permanência com documentação e outros pediram permissão para mudar-se para outras províncias. Também de Portugal vieram para a Bahia diversas famílias de ciganos. Consta que esses ciganos inicialmente foram alojados no bairro Mouraria e, posteriormente, no bairro de Santo Antônio Além do Carmo.

Muitos ciganos saíram de Salvador rumo à região de Minas – hoje Minas Gerais. *Dornas Filho* acrescenta longas narrações sobre as ações dos salteadores, principalmente na Serra da Mantiqueira, no século XVIII, citando inclusive cartas de Tiradentes que, segundo ele, comandou – por mais de uma vez – a tropa de assalto ao reduto desses malfeitores, prendendo e matando ciganos às dúzias. Ou seja, o herói mineiro e nacional, assassinou covardemente algumas dezenas de ciganos, quase todos eles certamente desarmados e trabalhadores honestos. Mais um genocídio que, na época, era motivo (inclusive) de recompensa financeira e honrarias especiais.

Em 1726, o movimento de grupos de ciganos (composto por homens, mulheres e filhos publicamente expulsos de Minas Gerais) era notório em São Paulo. Por isso, na época, foi estipulado um prazo de 24 horas para que esses grupos saíssem da cidade, criando então uma política para manter os ciganos em movimento. Neste ciclo, Minas Gerais expulsou-os para São Paulo, que expulsou-os para o Rio de Janeiro, que expulsou-os para o Espírito Santo que, por sua vez, expulsou-os para a Bahia, de onde foram expulsos novamente para Minas Gerais. O melhor para os ciganos é sempre estar em movimento, de município para município, de estado para estado e, de preferência, bem distante.

5. Distribuição e venda de escravos pelos ciganos

A atividade econômica cigana, que mereceu atenção dos cronistas e viajantes, foi sem dúvida alguma o comércio de escravos. No Rio de Janeiro, foi grande o número de ciganos que se dedicavam ao comércio de negros boçais (às vezes até comprando e vendendo por atacado), mas foi operando o mercado de escravos de segunda mão que eles tiveram um reconhecimento mais presente. Nesse negócio *"a necessidade de capital era bem menor do que no mercado de venda por atacado"*.

Alguns ciganos atuavam como agentes intermediários comissionados, que comerciavam com agentes da costa (ciganos ou não) de vários portos, mas principalmente do Rio de Janeiro. Pessoas de diferentes ocupações atuavam neste comércio, de capitães de navios à negros forros. Mas os ciganos sofriam mais com a concorrência de ex-arieiros de São Paulo e Minas Gerais, e de mascates portugueses que trocavam temporária ou definitivamente suas profissões para ingressarem no lucrativo comércio de escravos.

Ao invés de comprar mulas ou tecidos e gêneros secos para vender nas áreas de *plantations*, eles iam até o *valongo* (ou as casas de leilão) para comprar escravos por crédito e organizavam uma pequena "caravana de escravos". Tal como os que mascateavam de porta em porta no Rio, eles levavam seus lotes de escravos para o interior e, depois, os levavam de *plantation* em *plantation*.

Conforme a pressa, entregavam todos os seus estoques e retornavam ao Rio para pagar seus débitos, assim obtinham novo crédito e repetiam o processo. De modo geral, os intermediários transportavam seus escravos para os futuros proprietários através de canoas (pequenas embarcações) ou por meio de rotas terrestres. Obviamente, muitos comissários levavam também outras mercadorias, tais como animais e artigos de primeira necessidade, com o intuito de complementar a renda.

6. A contribuição dos ciganos na política e na cultura

No território mineiro temos um filho cigano ilustre: **Jan Nepomuscky Kubitschek**, que trabalhou como marceneiro no Serro e em Diamantina. Atendendo pela alcunha de *João Alemão*, ele era um imigrante vindo da boemia que partiu do império austro-húngaro e deve ter entrado no Brasil entre 1830 e 1835. Casou-se com uma brasileira (Tereza Maria de Jesus), com quem teve pelo menos três filhos – o primeiro foi João Nepomuceno Kubitschek, que se tornou um destacado político; o segundo filho, Augusto Elias Kubitschek, foi designado como primeiro suplente de subdelegado da polícia, em 1889. Além deles, o casal teve uma filha, Júlia Kubitschek (1902-1976), mãe de Juscelino (JK), que se tornou presidente do Brasil de 1956 a 1960 e foi o fundador da atual capital, Brasília. Um dos mais conhecidos e famosos presidentes do Brasil do século XX foi um cigano – ou pelo menos descendente. Nenhum livro didático, nem historiador algum, menciona esse fato.

Também não podemos esquecer da contribuição artística e circense. No final do século XIX, ciganos vindos da Europa Central e dos Balcãs trouxeram para o Brasil os ursos – animais exóticos capazes de atrair multidões de curiosos e que eram inexistentes na fauna brasileira. Certamente estes ciganos pertenciam ao subgrupo dos *Ursari*, assim denominados porque se especializaram no adestramento de ursos. Seja como for, no interior mineiro tornaram-se famosos os "ursos ciganos", que dançavam canhestramente ao som do pandeiro e do canto monótono do boêmio, que o segurava por uma corrente presa à argola do focinho. Consta ainda que várias famílias ciganas foram proprietárias de circos.

BUENO, falando da atualidade, informa que *"os maiores circos pertencentes às famílias ciganas no Brasil são: Circo Orlando Orfei (sinti, subgrupo manouches italianos), Circo Nova York (João Augusto Micalovith), Circo Norte Americano (família Stevanovitch), Circo México (Ronaldo Evans – Kalderash americano)"*.

Reprodução

Mas os ciganos não atuam somente em circos. Vários ciganos brasileiros se tornaram famosos como artistas. Alguns deles assumem publicamente a sua identidade ou descendência cigana, casos do músico Wagner Tiso, do comediante Dedé Santana e da atriz Maria Rosa.

7 Quiromantes

Hoje encontramos os ciganos (especialmente mulheres) nas ruas, com seus filhos sujos e na condição de pedintes, implorando para ler a sorte pelas mãos. Essa é uma tradição muito antiga chamada **quiromancia**.

A prática cigana da quiromancia no Brasil é documentada pelo menos desde o fim do século XVII e início do século XVIII, quando Nuno Marques Pereira esteve no país falando sobre as superstições entre os gentios: *"A chiromancia é a que hoje professam os ciganos, de mentir e enganar pelas raias das mãos: e com ser manifesto engano, há nos homens apetência de saber o futuro".*

A quiromancia era o termo erudito para o *buena-dicha*, como é conhecido popularmente. Esta expressão espanhola consagrou-se não se sabe se pela obra das próprias ciganas ou pela literatura. Documentos, como o periódico "A Cigana", confirmam o uso do termo no Brasil. Mas, também se chamava a leitura da sorte pelas mãos de "leitura da sina".

A *buena-dicha* não era, para os ciganos, um ritual sagrado e nem poderia ser considerada pela sociedade mineira como algo demoníaco. Para as ciganas, era uma atividade lúdica e sua principal e mais rendosa atividade. Para as consulentes, quase sempre a *buena-dicha* significava boas novas, ou seja, a esperança de mais sorte na vida. Algumas vezes, além de praticarem a quiromancia, as ciganas também se ocupavam com a *"cura ou exorcismo de doenças"*.

Talvez trouxesse mais incômodo à sociedade o fato de que as ciganas fossem, em geral, as responsáveis pela obtenção do dinheiro miúdo para os gastos diários, através da prática da *buena-dicha*, enquanto os ciganos, às vezes, ficavam por dias no ócio, aguardando a oportunidade de realizar os "grandes negócios". Essas grandes transações (com cavalos, por exemplo) envolviam lucros maiores, mas eram também mais irregulares.

Unidade 7
A África atual

Com seus monumentos e marcos históricos, as civilizações antigas do continente africano permanecem até hoje. Passaram por colonizações, guerras civis, resistiram ao tempo e conseguiram transformar-se em grandes potências – modernas e atuais. Deram-nos, por herança e transportado no bojo da escravidão, suas crenças, costumes, cultura e tecnologia; tornaram-nos afro-brasileiros.

É importante termos sempre a consciência de que o continente africano é imenso – com centenas de grupos étnicos – e, portanto, diverso em sua economia, cultura e sociedade. Atualmente, essas sociedades africanas são modernizadas com tecnologia própria e ditada pela necessidade de suas economias.

Nesta unidade vamos conhecer um pouco mais sobre o continente africano, destacando os aspectos geográficos, econômicos e geopolíticos da atualidade.

O continente africano hoje

1 Regiões africanas

Já faz parte do senso comum imaginar a África apenas como um conglomerado de países cobertos por vastas áreas, as quais abrigam animais selvagens, populações que sofrem com a miséria, economias falidas e governos corruptos. De fato, isso tudo ainda existe por lá, tal como em qualquer outra parte do mundo, mas não pode representar o retrato de um continente tão grande e variado como o africano.

Ao longo deste livro, aprendemos – a partir de fatos comprovados em pesquisas – que os primeiros ancestrais do ser humano teriam vivido no Vale do Rift (na África) por volta de 3 ou 4 milhões de anos atrás. Sendo assim, a África constitui-se como continente berço do conhecimento e da humanidade, possuindo hoje uma população estimada em 850 milhões de habitantes, dividida em 53 países onde são faladas (aproximadamente) 2.019 línguas.

A África é dividida geograficamente em cinco regiões: Setentrional (ou do Norte), Oriental, Ocidental, Central e Austral (ou do Sul). Acompanhe no mapa:

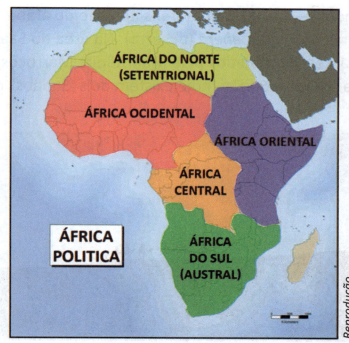

Reprodução

No entanto, em termos geográficos, a principal marca da África é o Deserto do Saara. Isso faz com que os estudiosos dividam a África em duas, considerando a demarcação do deserto: a **África Saariana** (que se localiza ao norte do continente e estende-se pela região que vai do atual Egito até o Marrocos) e a **África Subsaariana** (que se estende do Saara até o Cabo da Boa Esperança, ao sul do continente).

O Deserto do Saara é o segundo maior deserto do mundo, perdendo apenas para a Antártica. Está localizado no Norte de África e possui uma área total de 9.065.000 km². Seu nome – Saara – é uma transliteração do árabe que, por sua vez, é a tradução das palavras *tuaregue tenere* (deserto). Na área do Saara, vivem cerca de 2,5 milhões de habitantes, distribuídos pela Mauritânia, Marrocos, Líbia, Egito, Mali, Níger, Argélia, Tunísia, Chade e Sudão (hoje existem dois 'Sudãos', chamados Sudão e Sudão do Sul).

Akua Sencherey - Unsplush

② O norte da África

A África do Norte é também conhecida como África Branca, pois houve predomínio da população árabe no local, durante o processo de expansão do *islão* no século VII. Por esta razão, no que se refere ao aspecto físico, aproximadamente 80% dos norte-africanos são caucasianos.

Essa região da África do Norte tem forte concentração populacional no litoral do Mar Mediterrâneo, onde, além de possuir jazidas de petróleo e outros minerais, as condições naturais permitem o desenvolvimento da agropecuária. Nessa região, alguns países como Marrocos e Egito promoveram relativa industrialização. Embora o Egito tenha sido colonizado pelo Reino Unido (Inglaterra), a colonização foi predominantemente francesa na região.

A África do Norte é composta por: Egito, Sudão, Líbia, Marrocos, Argélia, Tunísia, Mauritânia e Saara Ocidental. Vamos conhecer um pouco mais desses países que fazem dessa região uma das mais ricas do continente.

Egito

A economia do Egito baseia-se, principalmente, na agricultura, média exportação de petróleo e turismo (que é a principal fonte de renda do país), e no tráfego do canal de Suez. O país dispõe de um mercado de energia bastante desenvolvido e baseado no carvão, petróleo, gás natural e nas hidroelétricas. Com consideráveis depósitos de carvão, o Nordeste do Sinai é explorado à taxa de cerca de 600 mil toneladas por ano. O petróleo e o gás são produzidos nas regiões desérticas a Oeste, no golfo de Suez e no delta do Nilo.

Fynn schmidt - Unsplash

Líbia

A agricultura vivia submetida aos caprichos do clima. A descoberta da jazida de petróleo em Zaltan, em junho de 1959, fez sua economia basear-se, principalmente, no petróleo – o que constituiu o grosso das receitas de exportação do país. A Líbia pertence à Organização dos Países Exportadores de Petróleo (OPEP), e segundo o Fundo Monetário Internacional (FMI), cresceu 10,6% em 2010 e cerca de 6,2% em 2011.

Os líbios vivem ao longo da costa, daí a constante construção de grandes tubos para levar água potável do interior para o litoral, onde habita a maior parte da sua população.

Reprodução

O Magreb

JimboChan - pixabay

Marrocos, Argélia, Tunísia e Saara Ocidental formam uma sub-região africana denominada **Magreb**. O termo, de origem árabe, significa *"lugar onde o sol se põe"* e se designa a porção ocidental do mundo islâmico. A identidade do Magreb deve-se ao fato de, no passado, a área ter sido povoada por grupos *berberes* – conjuntos de povos do Norte da África que falam línguas *berberes*. Estima-se que existam cerca de 20 milhões de falantes dessas línguas, principalmente no Marrocos e na Argélia, além do Egito e Etiópia. Os *tuaregues* (grupo étnico nômade da região do Saara) também fazem parte dos povos de língua *berbere*.

Marrocos

Graças à sua importante riqueza mineral, além da sua consolidada posição como centro de negócios e comércio, o Marrocos vem desfrutando de um crescimento econômico estável – que tem lhe permitido reduzir a incidência de desnutrição a níveis muito baixos. Os avanços conquistados devem-se, quase em partes iguais, ao incremento da produção de alimentos e à importação. A

produção de cereais e batatas subiu mais do que a metade, respaldada por um significativo aumento do rendimento das colheitas e da superfície cultivada. Levando-se em conta o ritmo de crescimento econômico do país (quase 4% ao ano), o Marrocos está se transformando num país com predominância do meio urbano. As melhorias observadas no transporte público, no saneamento e na educação, são especialmente marcantes nas cidades do país.

3. A África Subsaariana

Denomina-se África Subsaariana a região formada pelos países situados ao sul do Deserto do Saara. Desde o século XIX, este território passou a ser conhecido pelos ocidentais pela expressão "África Negra" por ser uma região habitada por indivíduos da raça negra que, até então, não havia sido descoberta, nem colonizada pelos europeus. Este termo caiu em desuso e foi catalogado como pejorativo. Esta região do globo é tida como o berço da humanidade.

Congo, Gana, Guiné, Mali, Níger, Nigéria, Senegal, Serra Leoa e Togo são alguns dos países que formam essa região. A África Subsaariana apresenta grande diversidade cultural e a pluralidade religiosa é uma característica dessa porção continental, onde há cristãos, mulçumanos (principalmente na região do *Sahel*), judeus, além de várias crenças tradicionais. Os diversos grupos étnicos possuem dialetos, danças e costumes próprios – fato que contribui para a riqueza cultural da África.

O tipo de atividade agrícola utilizado na África Subsaariana é a de subsistência e monocultura de exportação. Agricultura de subsistência é aquela em que a plantação é realizada, geralmente, em pequenas propriedades (minifúndios), sem a utilização de maquinário e técnicas modernas; sua finalidade principal é a sobrevivência do agricultor e de sua família, não a venda dos produtos excedentes, em contraposição à agricultura comercial. Introduzida no século XVIII pelos colonizadores, a monocultura de exportação (também conhecida como *plantation*) é um sistema agrícola voltado exclusivamente para a exportação que, desprezando a produção de gêneros para o consumo humano local, expulsou os camponeses nativos para áreas menos produtivas.

As riquezas no subsolo impulsionaram a mineração: a África do Sul detém grandes reservas de diamante, cromo, platina, ouro (maior produção mundial), entre outros minérios. Outro destaque é a grande produção de petróleo e gás natural nos países da África Subsaariana. O turismo, promovido nos diversos parques naturais, tornou-se também uma importante fonte de recursos financeiros.

Apesar dessa grande riqueza mineral, a África Subsaariana apresenta vários problemas socioeconômicos e os organismos internacionais não desenvolvem políticas eficazes para solucioná-los. A fome, por exemplo, castiga grande parte dos africanos e os índices de desnutrição são absurdos nessa região do planeta, chegando a 76% na República Democrática do Congo, 72% na Somália, 63% em Burundi e 47% na Serra Leoa.

A África do Sul – localizada no extremo sul do continente – é uma exceção à pobreza e a miséria existente em toda a África Subsaariana. Devido à grande presença de ouro, ferro e pedras preciosas em seu território, o país atingiu certo grau de industrialização e modernização. Para tanto, contribuíram os investimentos industriais de britânicos (ingleses) radicados na região.

4. A África do Sul

Um dos países mais desenvolvidos do continente e responsável por quase 50% da produção industrial africana, a África do Sul é a nação que apresenta o maior PIB (renda *per capita*) e também os melhores indicadores sociais do continente africano, com uma população estimada em aproximadamente 44 milhões de pessoas – sendo 85% de negros.

Pretória e Johannesburg alocam os principais centros comerciais e industriais da África do Sul, que possui a maior taxa de urbanização da região: 80% está concentrada em apenas 4% do território.

O processo de democratização e industrialização da África do Sul foi lento, uma vez que esteve submetida, por mais de 45 anos, ao governo do Apartheid (que significa separação) – um regime de segregação racial adotado de 1948 e 1994 pelos sucessivos governos do Partido Nacional na África do Sul, no qual os direitos da grande maioria dos habitantes foram cerceados pelo governo, formado pela minoria branca.

Essa legislação de segregação racial dividia os habitantes em grupos sociais (negros, brancos, de cor e indianos), muitas vezes separando as áreas residenciais através de remoções forçadas. Além disso, os negros foram privados de sua cidadania. O sistema de Apartheid trouxe violência, além de um significativo movimento de resistência interna, várias revoltas populares e protestos que causaram banimento da oposição e detenção de líderes antiapartheid.

Um desses líderes foi **Nelson Mandela**, advogado-símbolo da resistência negra à ocupação branca na África do Sul, cujas atividades contra a exploração do trabalho renderam muitos anos de prisão e banimento. Em 1990, ele foi libertado em meio a política de desmantelamento do Apartheid, conduzida pelo presidente Frederik William de Klerk. Já em 1993, junto com De Klerk, obteve o Prêmio Nobel da Paz e, em seguida, foi eleito presidente da África do Sul – cujo mandato seguiu de 1994 a 1999.

O governo de Mandela marcou a história da África do Sul, pois estabeleceu a base para a construção de uma sociedade multiétnica e equitativa. Além disso, em 1996, a Constituição africana passou a declarar ilegal todo tipo de discriminação com base racial, social, religiosa, etc. E mais: em seu governo, Mandela forçou a atenção para as consequências perigosas do ódio racial e o poder da comunicação e do diálogo no processo de reconciliação.

5 A África do Sul no BRICS

A economia da África do Sul é a mais avançada da região, embora tenha passado décadas submetida às severas sanções econômicas. Mas sua variedade em minérios (incluindo recursos de carvão), sua agricultura bem desenvolvida, seus setores industriais e comerciais, permitiram sua sobrevivência.

Atingindo um grande incremento das exportações para países vizinhos e mantendo uma significante expansão para o mercado asiático e americano, as exportações e importações sul-africanas vêm crescendo – assim como suas relações comerciais. Em abril de 2011, na China, foi formalizada a entrada da África do Sul no bloco chamado BRIC (que agora recebe a nomenclatura de BRICS), juntamente com o Brasil, Rússia, Índia e a própria China – esses países compõem o grupo de acordo com o impacto que suas economias passaram a ter sobre a economia global. O ingresso da África do Sul no grupo reforça a visão de que o mundo está passando por amplas, complexas e profundas mudanças, marcadas pelo fortalecimento da multipolaridade.

O convite para que a África do Sul se juntasse ao BRICS teve um forte significado político e econômico para os países africanos, fezendo com que a África do Sul alcançasse o *status* de potência média, dispondo de condições para liderar sua região como um espaço qualificado, tendo em vista a clara dominância da relações comerciais em seu continente, que possui um amplo setor financeiro.

Além de fazer parte do BRICS, a África do Sul é o único país africano no G-20 (grupo criado em 1999, formado pelos ministros de finanças e chefes dos bancos centrais das 19 maiores economias do mundo mais a União Europeia) e busca reforçar os laços políticos e econômicos que possam impulsionar o seu desenvolvimento, incluindo o desenvolvimento regional.

6 A África insurgente

O norte da África vive uma intensa luta contra a tirania, por isso, busca liberdade e democracia em seus governos. Um exemplo é o ano de 2011, marcado por uma série de conflitos ocorridos na Tunísia, Egito, Líbia e Argélia. Tudo começou em fevereiro, no Egito, quando a população saiu às ruas exigindo a deposição do ditador *Hosni Mubarak*. Foram 18 dias de protestos intensos nas ruas, até que o país visse a queda de Mubarak, que cedeu às pressões e renunciou ao cargo, colocando fim a um regime autoritário de três décadas. Os protestos no Egito sofreram influência direta da chamada **Revolução de Jasmim**, na qual os jovens da vizinha Tunísia conseguiram forçar a derrubada do presidente *Ben Ali* uma semana antes. Tal movimento popular inspirou outros países do norte da África e poderá modificar, de forma irreversível, toda a situação política e econômica dessas regiões.

Ironicamente, foram os "heróis da pátria" que livraram esses países do colonialismo e das monarquias vigentes em seus estados, e que se converteram em ditadores corruptos, que, atualmente, estão sendo depostos dos governos dessa região um a um.

Vamos então entender um pouco mais sobre esses conflitos que tem deixado a África do Norte em chamas.

Reprodução

O início das lutas se deu em dezembro de 2010, na Tunísia, quando um jovem ateou fogo ao próprio corpo após a polícia fechar sua fonte de renda – uma banca de frutas e verduras. O caso, potencializado por denúncias de corrupção no governo, deflagrou uma onda de levantes populares contra o desemprego, a pobreza e a inflação galopante. Em 14 de janeiro, o presidente Zine Al-Abidine Ben Ali, no poder desde 1987, deixou o país.

Zine Al-Abidine Ben Ali

Com o sucesso do evento na Tunísia, o Egito iniciou a sua revolta. Na nação mais influente da região, foram 18 dias de protestos que também levaram o general Hosni Mubarak, presidente no poder por 30 anos, a deixar o cargo e o território.

Já na Líbia, os protestos estouraram no mesmo embalo. A população local clamava pela queda do ditador *Muamar Kadafi*, e isso mobilizou as tropas militares, que passaram a agir para sufocar a ação dos rebeldes e acabou gerando uma guerra civil na região.

Em 20 de outubro de 2011, o ditador Kadafi, depois de 27 anos de governo, acabou morto pelas forças rebeldes.

Como esses eventos são recentes e ainda estão por se desenrolar no norte da África, é cedo determinarmos com exatidão os resultados dessas lutas para a região. No entanto, é inegável que tais mobilizações recebam forte apoio da população, que luta para modificar e melhorar seus Estados.

Muamar Kadafi

Unidade 8
Os personagens afro-brasileiros

Temos algumas referências de homens e mulheres que quebraram barreiras, lutaram contra o preconceito, romperam paradigmas, abriram portas e tornaram-se exemplos para que todos nós entendamos o que podemos e do que somos capazes. Não importa o tempo, o que importa é que cada um faça o seu melhor. Os de ontem são modelos e já que fazem parte da história, são referências para o presente; os de agora, continuam escrevendo novos capítulos.

Reprodução

Personagens afro-brasileiros

1. Luiz Gama – O precursor do abolicionismo no Brasil

Em 21 de junho de 1830 nascia o grande líder abolicionista Luiz Gama. Apesar da importante contribuição que deu à causa da libertação dos escravos, o que faria dele um dos principais heróis do povo brasileiro, seu nome e feitos continuam praticamente desconhecidos.

Por Augusto Buonicore

(leiam ao final desse tópico a carta-biográfica escrita por Luiz Gama, em 1880)

Filho da africana Luiza Mahin (líder do seu povo) com um fidalgo português, Luiz Gama nasceu livre, mas foi vendido como escravo pelo próprio pai aos 10 anos de idade. Quando fugiu do cativeiro, ganhou o mundo, e mesmo sem ter um diploma universitário, destacou-se como grande defensor da causa da liberdade.

Sua ação abnegada nos tribunais garantiu a libertação de mais de quinhentos escravos. Utilizava-se das brechas existentes nas próprias leis escravistas, que não eram respeitadas pelos fazendeiros. A principal delas era a de 1831, pela qual foram declarados livres todos os escravos que ingressaram no país após aquela data – na verdade, esta foi a famosa "lei para inglês ver", pois jamais fora aplicada pelas autoridades brasileiras, No entanto, como não foi revogada, seguiu em vigor. A partir dela, Gama conseguiu provar que muitos dos negros escravizados deveriam ser legalmente considerados homens e mulheres livres. Calcula-se que existiam cerca de quinhentas mil pessoas nessa infame situação.

Para que tais ações não fossem vitoriosas e generalizadas para virem a representar um golpe de morte ao sistema escravista brasileiro, o próprio Ministério da

Justiça imperial passou a pressionar os juízes para que não concedessem pleito aos advogados abolicionistas.

Luiz Gama então escreveu que era detestado pelos chamados "figurões" da terra, os quais já haviam colocado sua visa em risco. Dizia ainda ser *"estimado, em muito, pela plebe. Quando fui ameaçado pelos grandes, que hoje me encaram com respeito e admiram minha tenacidade, tive a casa rondada e guardada pela gentalha"*.

Político radical, estava à frente daqueles que fundariam o Partido Republicano, mas rapidamente se desentendeu com a maioria conservadora da nova organização. A principal divergência deu-se, justamente, em torno das propostas de abolição dos escravos. Os republicanos ligados aos grandes fazendeiros pregavam uma abolição gradual, com cláusulas de permanência do trabalhador no município e indenização aos proprietários. Gama, ao contrário, defendia a libertação imediata, sem condições e, sequer, indenização.

Escreveu ele: *"Aos positivistas da macia escravidão, eu anteponho o das revoluções da liberdade; quero ser louco como John Brown, como Espártacus, como Lincoln, como Jesus; detesto, porém, a calma farisaica de Pilatos"*.

Certa vez, quatro escravos mataram um fazendeiro e se entregaram à polícia. Logo em seguida foram linchados por "populares", incitados por escravocratas e da complacência das autoridades locais. Luiz Gama, indignado com a chacina, afirmou que via com profundo sentimento os quatro escravos – chamados por ele de "apóstolos do dever" – e que *"morreria de nojo, de vergonha, se tivesse a desgraça de achar-*

-me entre essa horda inqualificável de assassinos (...). Miseráveis: ignoram que mais glorioso é morrer livre, em uma forca, ou dilacerado pelos cães na praça pública, do que banquetear-se como os Neros na escravidão". Esta foi mais uma prova do seu profundo compromisso com a causa dos escravos. Vários abolicionistas menos radicais, como Joaquim Nabuco, se chocavam com afirmações belicosas como essas.

Suas posições em defesa da abolição imediata e sem indenização trouxeram-lhe grandes infortúnios pessoais. Ele e sua família viviam à beira da miséria. As dificuldades, no entanto, não abalaram seus ideais, nem o levaram a fazer concessões de princípios. Numa carta dirigida ao filho afirmou, com certa ponta de orgulho, que *"não se aterrorize com a extrema pobreza que lhe lego, porque a miséria é o mais brilhante apanágio da virtude"* – **leia a carta no final do texto.**

No dia 24 de agosto de 1882, Luiz Gama morreu e São Paulo parou. Milhares de pessoas seguiram silenciosamente seu cortejo pelas ruas da cidade. Um jornal afirmou que *"jamais esta capital (...) viu mais imponente e espontânea manifestação de dor para com um cidadão"*, e descreveu a cena: *"grande número de pretos, que tomavam parte no acompanhamento, não consentiu que ninguém mais conduzisse o corpo. E eles revezando-se entre si, conduziram-no pelo resto do caminho"*. Pelas mãos dos negros paulistas, o corpo de Luiz Gama desceu ao túmulo.

Sob inspiração de suas ideias, na segunda metade da década de 1880 formou-se uma ampla frente abolicionista envolvendo escravos, a pequena burguesia urbana, a jovem burguesia industrial, o proletariado e setores da burocracia de Estado. Um dos catalizadores desse movimento emancipador foi a ação dos próprios homens e mulheres escravizados. Naquele período houve um aumento astronômico no número de rebeliões e de fugas. Estima-se que um terço dos 173 mil escravos tenha se evadido das fazendas paulistas apenas nos dois últimos anos que antecederam a abolição.

Leia abaixo a pungente carta autobiográfica escrita por Luiz Gama, endereçada ao seu amigo Lúcio de Mendonça. Ela deveria servir de subsídio para a elaboração de um verbete que comporia um **Almanaque Literário**, editado em 1881.

São Paulo, 25 de julho de 1880.

Meu caro Lúcio,

Recebi o teu cartão com a data de 28 do pretérito. Não me posso negar ao teu pedido, porque antes quero ser acoimado de ridículo, em razão de referir verdades pueris que me dizem respeito, do que vaidoso e fátuo, pelas ocultar, de envergonhado: aí tens os apontamentos que me pedes e que sempre eu os trouxe de memória.

Nasci na cidade de São Salvador, capital da província da Bahia, em um sobrado da rua do Bângala, formando ângulo interno, em a quebrada, lado direito de quem parte do adro da Palma, na Freguezia de Sant'Ana, a 21 de junho de 1830, por as 7 horas da manhã, e fui batizado, 8 anos depois, na igreja matriz do Sacramento, da cidade de Itaparica.

Sou filho natural de uma negra, africana livre, da Costa Mina (Nagô de Nação), de nome Luiza Mahin, pagã, que sempre recusou o batismo e a doutrina cristã.

Minha mãe era baixa de estatura, magra, bonita, a cor era de um preto retinto e sem lustro, tinha os dentes alvíssimos como a neve, era muito altiva, geniosa, insofrida e vingativa.

Dava-se ao comércio — era quitandeira, muito laboriosa, e mais de uma vez, na Bahia, foi presa como suspeita de envolver-se em planos de insurreições de escravos, que não tiveram efeito.

Era dotada de atividade. Em 1837, depois da Revolução do Dr. Sabino, na Bahia, veio ela ao Rio de Janeiro, e nunca mais voltou. Procurei-a em 1847, em 1856 e em 1861, na Corte, sem que a pudesse encontrar. Em 1862, soube, por uns pretos minas que conheciam-na e que deram-me sinais certos, que ela, acompanhada com malungos desordeiros, em uma "casa de dar fortuna", em 1838, fora posta em prisão; e que tanto ela como os seus companheiros desapareceram.

Era opinião dos meus informantes que esses "amotinados" fossem mandados por fora pelo governo, que, nesse tempo, tratava rigorosamente os africanos livres, tidos como provocadores.

Nada mais pude alcançar a respeito dela. Nesse ano, 1861, voltando a São Paulo, e estando em comissão do governo, na vila de Caçapava, dediquei-lhe os versos que com esta carta envio-te.

Meu pai, não ouso afirmar que fosse branco, porque tais afirmativas neste país, constituem grave perigo perante a verdade, no que concerne à melindrosa presunção das cores humanas: era fidalgo; e pertencia a uma das principais famílias da Bahia, de origem portuguesa. Devo poupar à sua infeliz memória uma injúria dolorosa, e o faço ocultando o seu nome.

Ele foi rico e, nesse tempo, muito extremoso para mim: criou-me em seus braços. Foi revolucionário em 1837. Era apaixonado pela diversão da pesca e da caça; muito apreciador de bons cavalos; jogava bem as armas, e muito melhor de baralho, amava as súcias e os divertimentos: esbanjou uma boa herança, obtida de uma tia em 1836; e, reduzido à pobreza extrema, a 10 de novembro de 1840, em companhia de Luiz Cândido Quintela, seu amigo inseparável e hospedeiro, que vivia dos proventos de uma casa de tavolagem na cidade da Bahia, estabelecida em um sobrado de quina, ao largo da praça, vendeu-me, como seu escravo, a bordo do patacho "Saraiva".

Remetido para o Rio de Janeiro, nesse mesmo navio, dias depois, que partiu carregado de escravos, fui, com muitos outros, para a casa de um cerieiro português, de nome Vieira, dono de uma loja de velas, à rua da Candelária, canto da do Sabão. Era um negociante de estatura baixa, circunspecto e enérgico, que recebia escravos da Bahia, à comissão. Tinha um filho aperaltado, que estudava em colégio; e creio que três filhas já crescidas, muito bondosas, muito meigas e muito compassivas, principalmente a mais velha. A senhora Vieira era uma perfeita matrona: exemplo de candura e piedade. Tinha eu 10 anos. Ela e as filhas afeiçoaram-se de mim imediatamente. Eram cinco horas da tarde quando entrei em sua casa. Mandaram lavar-me; vestiram-me uma camisa e uma saia da filha mais nova, deram-me de cear e mandaram-me dormir com uma mulata de nome Felícia, que era mucama da casa.

Sempre que me lembro desta boa senhora e de suas filhas, vêm-me as lágrimas aos olhos, porque tenho saudades do amor e dos cuidados com que me afagaram por alguns dias.

Dali, saí derramando copioso pranto, e também todas elas, sentidas de me verem partir. Oh! eu tenho lances doloridos em minha vida, que valem mais do que as lendas sentidas da vida amargurada dos mártires. Nesta casa, em dezembro de 1840, fui vendido ao negociante e contrabandista alferes Antônio Pereira Cardoso, o mesmo que, há 8 ou 10 anos, sendo fazendeiro no município de Lorena, nesta Província, no ato de o prenderem por ter morto alguns escravos a fome, em cárcere privado, e já com idade maior de 60 a 70 anos, suicidou-se com um tiro de pistola, cuja bala atravessou-lhe o crânio.

Este alferes Antônio Pereira Cardoso comprou-me em um lote de cento e tantos escravos; e trouxe-nos a todos, pois era este o seu negócio, para vender nesta Província.

Como já disse, tinha eu apenas 10 anos; e, a pé, fiz toda viagem de Santos até Campinas.

Fui escolhido por muitos compradores, nesta cidade, em Jundiaí e Campinas; e, por todos repelido, como se repelem cousas ruins, pelo simples fato de ser eu "baiano".

Valeu-me a pecha!

O último recusante foi o venerando e simpático ancião Francisco Egidio de Souza Aranha, pai do Exmo. Conde de Três Rios, meu respeitável amigo.

Este, depois de haver-me escolhido, afagando-me disse: "Hás de ser um bom pajem para os meus meninos", disse-me: onde nasceste? — Na Bahia, respondi eu. — Baiano? — exclamou admirado o excelente velho. — Nem de graça o quero. Já não foi por bom que o venderam tão pequeno". Repelido como "refugo", com outro escravo da Bahia, de nome José, sapateiro, voltei para a casa do Sr. Cardoso, nesta cidade, à rua do Comércio nº 2, sobrado, perto da igreja da Misericórdia.

Aí aprendi a copeiro, a sapateiro, a lavar e a engomar roupa e a costurar.

Em 1847, contava eu 17 anos, quando para a casa do Sr. Cardoso, veio morar, como hóspede, para estudar humanidades, tendo deixado a cidade de Campinas, onde morava, o menino Antônio Rodrigues do Prado Júnior, hoje doutor em direito, ex-magistrado de elevados méritos, e residente em Mogi-Guassu, onde é fazendeiro.

Fizemos amizade íntima, de irmãos diletos, e ele começou a ensinar-me as primeiras letras.

Em 1848, sabendo eu ler e contar alguma cousa, e tendo obtido ardilosa e secretamente provas inconcussas de minha liberdade, retirei-me, fugindo, da casa do alferes Antônio Pereira Cardoso, que aliás, votava-me a maior estima, e fui assentar praça. Servi até 1854, seis anos; cheguei a cabo de esquadra graduado, e tive baixa de serviço, depois de responder a conselho, por ato de suposta insubordinação, quando me tinha limitado a ameaçar um oficial insolente, que me havia insultado e que soube conter-se.

Estive, então, preso 39 dias, de 1º de julho a 9 de agosto. Passava os dias lendo e à noite, sofria de insônia; e, de contínuo, tinha diante dos olhos a imagem de minha querida mãe. Uma noite, eram mais de duas horas, eu dormitava; e, em sonho vi que a levavam presa. Pareceu-me ouvi-la distintamente que chamava por mim. Dei um grito, espavorido saltei da tarimba; os companheiros alvorotaram-se; corri à grade, enfiei a cabeça pelo xadrez. Era solitário e silencioso e longo e lôbrego o corredor da prisão, mal alumiado pela luz amarelenta de enfumarada lanterna.

Voltei para a minha tarimba, narrei a ocorrência aos curiosos colegas; eles narraram-me também fatos semelhantes; eu caí em nostalgia, chorei e dormi.

Durante o meu tempo de praça, nas horas vagas, fiz-me copista; escrevia para o escritório do escrivão major Benedito Antônio Coelho Neto, que se tornou meu amigo; e que hoje, pelo seu merecimento, desempenha o cargo de oficial-maior da Secretaria do Governo; e, como amanuense, no gabinete do exmo. Sr. Conselheiro Francisco Maria de Souza Furtado de Mendonça, que aqui exerceu, por muitos anos, com aplausos e admiração do público em geral, altos cargos na administração, polícia e judicatura, e que é catedrático da Faculdade de Direito, fui eu seu ordenança; por meu caráter, por minha atividade e por meu comportamento, conquistei a sua estima e a sua proteção; e as boas lições de letras e de civismo, que conservo com orgulho.

Em 1856, depois de haver servido como escrivão perante diversas autoridades policiais, fui nomeado amanuense da Secretaria de Polícia, onde servi até 1868, época em que "por turbulento e sedicioso" fui demitido a "bem do serviço público", pelos conservadores, que então haviam subido ao poder. A portaria de demissão foi lavrada pelo Dr. Antônio Manuel dos Reis, meu particular amigo, então secretário de polícia, e assinada pelo exmo. Dr. Vicente Ferreira da Silva Bueno, que, por este e outros atos semelhantes, foi nomeado desembargador da relação da Corte.

A turbulência consistia em fazer eu parte do Partido Liberal; e, pela imprensa e pelas urnas, pugnar pela vitória de minhas e suas ideias; e promover processos em favor de pessoas livres criminosamente escravizadas; e auxiliar licitamente, na medida de meus esforços, alforrias de escravos, porque detesto o cativeiro e todos os senhores, principalmente os Reis.

Desde que me fiz soldado, comecei a ser homem; porque até os 10 anos fui criança; dos 10 aos 18, fui soldado. Fiz versos; escrevi para muitos jornais; colaborei em outros literários e políticos, e redigi alguns.

Agora chego ao período em que, meu caro Lúcio, nos encontramos no "Ipiranga", à rua do Carmo, tu, como tipógrafo, poeta, tradutor e folhetinista principiante; eu, como simples aprendiz-compositor, de onde saí para o foro e para a tribuna, onde ganho o pão para mim e para os meus, que são todos os pobres, todos os infelizes; e para os míseros escravos, que, em número superior a 500, tenho arrancado às garras do crime.

Eis o que te posso dizer, às pressas, sem importância e sem valor; menos para ti, que me estimas deveras.

Teu Luiz.

Carta-testamento escrita por Luiz Gama para seu filho

Meu filho,

Dize a tua mãe que a ela cabe o rigoroso dever de conservar-se honesta e honrada; que não se atemorize da extrema pobreza que lego-lhe, porque a miséria é o mais brilhante apanágio da virtude.

Tu evitas a amizade e as relações dos grandes homens; eles são como o oceano que aproxima-se das costas para corroer os penedos.

Sê republicano, como o foi o Homem-Cristo. Faze-te artista; crê, porém, que o estudo é o melhor entretenimento, e o livro o melhor amigo.

Faze-te o apóstolo do ensino, desde já. Combate com ardor o trono, a indigência e a ignorância. Trabalha por ti e com esforço inquebrantável para que este país em que nascemos, sem rei e sem escravos, se chame Estados Unidos do Brasil.

Sê cristão e filósofo; crê unicamente na autoridade da razão, e não te alieis jamais a seita alguma religiosa. Deus revela-se tão somente na razão do homem, não existe em Igreja alguma do mundo.

Há dois livros cuja leitura te recomendo: a Bíblia Sagrada e a Vida de Jesus por Ernesto Renan.

Trabalha, e sê perseverante.

Lembra-te que escrevi estas linhas em momento supremo, sob a ameaça de assassinato. Tem compaixão de teus inimigos, como eu compadeço-me da sorte dos meus.

Teu pai Luiz Gama.

2. Francisco Gê Acayaba de Montezuma

Francisco Gê Acayaba de Montezuma nasceu em Salvador, na Bahia, no dia 23 de março de 1794. Filho de um comerciante português e de uma afro-brasileira, seu nome de batismo era *Francisco Gomes Brandão*. Em 1816 foi estudar na tradicional Universidade de Coimbra, em Portugal, onde formou-se em Ciências Jurídicas e Filosóficas cinco anos depois. Quando retornou à Bahia, tornou-se defensor da independência e foi cofundador do jornal "O Constitucional", em Salvador.

Proclamada a Independência em 1822, como forma de oposição ao colonialismo lusitano e de homenagem ao imperador asteca Montezuma, Francisco abandonou o nome de batismo, incorporou o nome de todos os elementos que formam a nação brasileira e passou a chamar-se Francisco Gê Acayaba de Montezuma. Ele recusou o título de Barão de Cachoeira, concedido pelo imperador Dom Pedro I, mas aceitou o título de Comendador da Imperial Ordem do Cruzeiro.

Em 1823, ingressou na política como deputado em seu estado natal, exercendo oposição ao Ministro de Guerra – foi preso e exilado na França por oito anos. Em 1831, retornou ao Brasil e elegeu-se deputado levantando a bandeira contra o tráfico negreiro e colocando-se como um dos pioneiros no movimento abolicionista. Em 1834, recebeu o título de Visconde de Jequitinhonha; três anos depois foi nomeado Ministro da Justiça e dos Estrangeiros, e ocupou o cargo de Diplomata junto ao Império Britânico.

Em 07 de agosto de 1843, fundou o Instituto dos Advogados Brasileiros (IAB), sendo o primeiro presidente. Em 1850 foi nomeado Conselheiro do Estado e, no ano seguinte, eleito Senador na Bahia.

Falecido em 15 de fevereiro de 1870, foi um dos membros fundadores do Instituto Histórico e Geográfico do Brasil.

Advogado, servidor público, magistrado e jornalista, Francisco Gê Acayaba de Montezuma exerceu os seguintes cargos públicos: Embaixador de Londres, Conselheiro de Estado, Ministro dos Estrangeiros, Ministro da Justiça e Presidente do Banco do Brasil.

3. Teodoro Fernandes Sampaio

Nascido em 07 de janeiro de 1855, no Engenho Canabrava (dentro de uma senzala no município de Santo Amaro/BA), **Teodoro Fernandes Sampaio** foi engenheiro, geógrafo, historiador e escritor. Legou-nos uma bibliografia de vasta erudição geográfica e histórica sobre a contribuição das bandeiras paulistas à formação do território nacional, entre outros temas.

Reprodução

Em 1871 ingressou na Escola Politécnica do Rio de Janeiro, onde graduou-se em Engenharia Civil cinco anos depois. Ao mesmo tempo, dava aula de matemática, geografia e latim em dois colégios da cidade. Foi admitido no Museu Nacional como desenhista e lá conheceu muitos cientistas estrangeiros. Participou de expedições exploratórias pelo Rio São Francisco registrando na forma de mapas e descrições os caminhos percorridos; posteriormente, elaborou um mapa da região.

Em 1879, integrou a "Comissão Hidráulica" – nomeada pelo imperador Dom Pedro II – como o único engenheiro brasileiro entre norte-americanos, para estudar os portos e a navegação interior do Brasil. Em 1882, realizou o trabalho de prolongamento da linha férrea de Salvador ao São Francisco. Em 1886, trabalhou como chefe na Comissão Geográfica e Geológica, que realizou o levantamento geológico do Estado de São Paulo. Fundou, com Paula Souza, a Escola Politécnica da USP, em São Paulo. Dois anos depois, foi nomeado diretor e engenheiro-chefe da repartição de saneamento do Estado de São Paulo e um dos fundadores do Instituto Histórico e Geográfico de São Paulo.

Em 1904, regressou à Bahia – após 18 anos em São Paulo – para executar as obras de restauração nos sistemas de água e esgoto de Salvador. Tornou-se orador e posterior presidente do Instituto Geográfico e Histórico da Bahia. Foi ainda Deputado Federal, uma celebridade da época. Passou seus últimos anos no Rio de Janeiro, onde lecionava – de graça – na Escola Brasileira. Faleceu em 15 de outubro de 1937.

4 Raimundo Nina Rodrigues

Nascido em Vargem Grande no dia 4 de dezembro de 1862, e falecido em Paris no dia 17 de julho de 1906, **Raimundo Nina Rodrigues** além de antropólogo brasileiro, foi médico legista, psiquiatra e professor.

Formação

Filho do coronel Francisco Solano Rodrigues e de dona Luísa Rosa Nina Rodrigues, cresceu em seu município natal – Maranhão – sob os cuidados da madrinha mulata que auxiliava sua mãe nos afazeres com a prole. Nina Rodrigues estudou no Colégio São Paulo e no Seminário das Mercês, em São Luís (MA). Por referências próprias e de seus colegas, parece ter tido uma saúde frágil. Era descrito pelos familiares como *"franzino, muito feio e irritadiço"*.

Reprodução

Em 1882, matriculou-se na Faculdade de Medicina da Bahia e seguiu com o curso até 1885, quando se transferiu para o Rio de Janeiro – onde concluiu o quarto ano de faculdade. Voltou à Bahia no ano seguinte e escreveu seu primeiro artigo sobre a lepra no Maranhão. Retornando ao Rio, concluiu o curso defendendo uma tese sobre três casos de paralisia progressiva numa família, em 1887. No ano seguinte, clinicou em São Luís – seu consultório era localizado na antiga Rua do Sol, hoje nomeada Nina Rodrigues.

Após esse rápido regresso à terra natal, onde foi incompreendido e hostilizado pelos médicos conterrâneos por atribuir os problemas de saúde da população carente da região onde vivera à má alimentação, resolveu fugir do provincianismo e do apelido de *"Dr. Farinha Seca"*, adotando definitivamente a Bahia como morada.

Salvador: o legista e antropólogo

Em Salvador encontrou ambiente favorável às pesquisas sociais que tanto o atraíam. Tais pesquisas eram herdeiras diretas da antropologia criminal do médico italiano Cesare Lombroso e, obviamente, do inicial positivismo sociológico na área penal. Na cidade que tinha mais de 2 mil africanos catalogados à época da abolição da escravatura, dedicou-se à clínica médica e ao atendimento dos menos favorecidos, sendo logo intitulado "Dr. dos Pobres".

Em 1889, prestou concurso para a Faculdade de Medicina da Bahia, onde veio ocupar o lugar de adjunto da *Cadeira de Clínica Médica*, cujo titular era o conselheiro José Luís de Almeida Couto – republicano histórico, abolicionista e político de projeção nacional. Contudo, seu objeto de estudo e pesquisa estava fora dos limites físicos da instituição acadêmica. Por isso, não abria mão de conviver com as mazelas da população excluída do centro de poder, por mais criticado que fosse. *"Nina está maluco! Frequenta candomblés, deita-se com as inhaôs (sic) e come a comida dos orixás"*, narra seu discípulo e admirador Estácio de Lima no livro **Velho e Novo Nina**, transparecendo algumas das picuinhas típicas dos colegas catedráticos.

Nina Rodrigues e Alfredo Tomé de Brito, também médico e mais tarde diretor da Faculdade de Medicina da Bahia, casaram-se com filhas do Conselheiro – a família conta que cada um noivara antes com a irmã que casaria com o outro. Em sua segunda incursão na classificação racial da população, dessa vez a nível nacional, num artigo publicado na "Gazeta" e no "Brazil Médico" do Rio de Janeiro, em 1890, aparece pela primeira vez a rubrica *"anthropologia patológica"*. Escreveu também uma nota apoiando a iniciativa de Brás do Amaral – professor de *Elementos de Antropologia* no *Instituto de Instrução Secundária de Salvador* – de iniciar uma coleção de "objetos antropológicos" (esqueletos, chumaços de cabelo e recortes de pele dos índios do Estado). No 3º Congresso Brasileiro de Medicina e Cirurgia reunido em Salvador em outubro desse mesmo ano, e cuja comissão executiva elegeu Nina Rodrigues como tesoureiro pela Congregação da Faculdade, apresentou três trabalhos – um deles, o relatório da única autópsia feita por ele na Bahia, durante uma então recente epidemia de *influenza*.

O Museu Antropológico Estácio de Lima é também conhecido como Museu Nina Rodrigues por está localizado no prédio do Instituto, que leva o mesmo nome.

Medicina legal em destaque

Nina Rodrigues transferiu-se, em 1891, para a **Cadeira de Medicina Pública** (ocupada até então por Virgilio Damásio) como professor na disciplina de *Medicina Legal*, empenhando-se, desde então, em colocar em prática as propostas de Damásio que, depois de visitar vários países da Europa, sugeria – em seu relatório de visita – a implantação do ensino prático e a nomeação dos professores de medicina legal como peritos da polícia. Na Medicina Legal, como em tudo mais, foi agente de transformação. Afrânio Peixoto nos conta que Nina *"deu tal lustro à especialidade que, por todo o país, foi a cadeira mais ambicionada"*.

Com os resultados de seus estudos, propôs uma reformulação no conceito de responsabilidade penal, sugerindo a reforma dos exames médico-legais, e foi pioneiro da assistência médico-legal a doentes mentais, além de defender a aplicação da perícia psiquiátrica não apenas nos manicômios, mas também nos tribunais.

Também analisou em profundidade os problemas do negro no Brasil, fazendo escola no assunto. Entre seus livros destacaram-se **As Raças Humanas e a Responsabilidade Penal no Brasil** (1894), **O Animismo Fetichista dos Negros da Bahia** (1900) e **Os Africanos no Brasil** (1932).

O Instituto Médico Legal Nina Rodrigues (IMLNR) – o mais antigo dos quatro órgãos que compõem a estrutura do Departamento de Polícia Técnica da Bahia – foi criado, em 1906, pelo Prof. Oscar Freire e intitulado Nina Rodrigues pela Congregação da Faculdade de Medicina da Bahia, em homenagem ao famoso professor catedrático de medicina-legal, falecido naquele ano aos 44 anos de idade.

Faculdade de Medicina da Bahia

Clínico, professor, escritor, dietólogo, 'tropicalista', sexologista, legista, higienista, antropólogo, biógrafo, epidemiologista e etnólogo, Nina Rodrigues foi um homem múltiplo. Sua posição singular na história do pensamento antropológico brasileiro – que deve ser remetida à leitura de obras como citadas anteriormente – foi estudada pela professora Mariza Corrêa (Unicamp), que publicou o volume **As Ilusões da Liberdade: A Escola Nina Rodrigues e a Antropologia no Brasil** (Bragança Paulista: Edusf, 487 p., 1998).

Para mais informações sobre o movimento do positivismo sociológico no mundo, em correlação com o nascimento das ciências sociais no Brasil e na América Latina, e também à recepção de ideias italianas entre os juristas de todas as áreas no Brasil oitocentista (especialmente as ideias penais), vide o denso volume de Marcela Varejão, **Il positivismo dall'Italia al Brasile. Sociologia giuridica, giuristi e legislazione** (1822-1935). Neste volume, todo um capítulo é dedicado à Escola antropológico-criminal de Raimundo Nina Rodrigues.

A visão de Nina Rodrigues - o negro como marginal

Nina Rodrigues defendeu esses racistas considerados científicos e modernos. Ele foi fortemente influenciado pelas ideias do criminólogo italiano Cesare Lombroso. No ano da abolição da escravatura, escreveu: *"A igualdade é falsa, a igualdade só existe nas mãos dos juristas"*. Em 1894, publicou um ensaio no qual defendeu a tese de que deveriam existir códigos penais diferentes para raças diferentes.

Nina Rodrigues foi um dos introdutores da antropologia criminal, da antropometria e da frenologia no país. Em 1899, publicou **Mestiçagem, Degenerescência e Crime** buscando provar suas teses sobre a degenerescência e tendências ao crime dos negros e mestiços. Os demais títulos publicados também não deixam dúvidas sobre seus objetivos – **Antropologia Patológica: Os Mestiços** e **Degenerescência Física e**

Cesare Lombroso

Mental Entre os Mestiços nas Terras Quentes. Para ele, o negro e os mestiços se constituíam na causa da inferioridade do Brasil.

Em sua grande obra, **Os Africanos no Brasil**, escreveu:

> Para dar-lhe (a escravidão) esta feição impressionante foi necessário, ou conveniente, emprestar ao negro a organização psíquica dos povos brancos mais cultos (...) O sentimento nobilíssimo de simpatia e piedade, ampliado nas proporções duma avalanche enorme na sugestão coletiva de todo um povo, ao negro havia conferido (...) qualidades, sentimentos, dotes morais ou ideias que ele não tinha e que não podia ter; e naquela emergência não havia que apelar de tal sentença, pois a exaltação sentimental não dava tempo nem calma para reflexões e raciocínios (Rodrigues, Nina. Os Africanos no Brasil. 2ª edição. São Paulo: Companhia Editora Nacional, 1935, p. 10-11).

Segundo o referido cientista, a inferioridade do negro – e das raças não brancas – seria *"um fenômeno de ordem perfeitamente natural, produto da marcha desigual do desenvolvimento filogenético da humanidade nas suas diversas divisões e seções"*. No Brasil, os arianos deveriam cumprir a missão de não permitir que as massas de negros e mestiços pudessem interferir nos destinos do país.

> A civilização ariana está representada no Brasil por uma fraca minoria da raça branca a quem ficou o encargo de defende-la (...) (dos) atos antissociais das raças inferiores, sejam estes verdadeiros crimes no conceito dessas raças, sejam, ao contrário, manifestações do conflito, da luta pela existência entre a civilização superior da raça branca e os esboços de civilização das raças conquistadas ou submetidas (Rodrigues, Nina. As raças humanas e a responsabilidade penal no Brasil Rio de Janeiro: Centro Edelstein de Pesquisas Sociais, p. 73).

Produção teórica e trabalhos publicados

Estima-se que sua obra inclui cerca de 60 livros e artigos sobre temas que abrangem diversas especialidades médicas (particularmente *Medicina Legal*, *Antropologia*, *Direito*, *Psicologia* e *Sociologia*), publicados em jornais da época – entre os quais a "Gazeta Médica" (da qual foi redator-chefe), o "Jornal do Comércio", a revista médica de São Paulo "Annales Médico-Psychologiques", a "Revista Brazileira" e a "Revista Médico-Legal da Bahia" (órgão da sociedade onde integrava seu conselho editorial). Alguns dos seus trabalhos publicados em francês ainda estão inéditos na língua portuguesa. Entre suas principais obras inclui-se:

A Morfeia em Andajatuba (1886)

Das Amiotrofias de Origem Periférica (Tese doutorado, 1888)

As Raças Humanas e a Responsabilidade Penal no Brasil (1894)

O Animismo Fetichista dos Negros Baianos (1900)

O Alienado no Direito Civil Brasileiro (1901)

Manual de Autópsia Médico-Legal. (Salvador 1901)

Os Africanos no Brasil (1932)

As Coletividades Anormais (1939)

Acima, exemplares dos livros de Nina Rodrigues. (Fundação Biblioteca Nacional)

A visão da crítica sobre Nina Rodrigues

Diversos escritores criticaram o professor Nina Rodrigues por suas ideias. Ele foi citado em inúmeros livros, por vezes com nome trocado, como em – **Tenda dos Milagres** de Jorge Amado, onde foi chamado de professor *Nilo Argolo* e cujo livro (escrito pelo personagem) foi **Mestiçagem, Degenerescência e Crime**, fazendo ligação direta entre os dois ilustres professores doutores.

Sociedade brasileira de medicina e história

Em 1890, Nina Rodrigues escreveu uma nota apoiando a iniciativa de Braz do Amaral (professor de *Elementos de Antropologia* no Instituto de Instrução Secundária de Salvador) de iniciar uma coleção de "objetos antropológicos" – esqueletos, chumaços de cabelo e recortes de pele dos índios do Estado. No ano seguinte, foi transferido pela reforma do ensino médico para a **Cadeira de Medicina Pública**, antes ocupada por Virgílio Damásio.

As cabeças expostas de "Lampião", "Maria Bonita" e companheiros, no Instituto Nina Rodrigues, em Salvador, Bahia.

A reforma *"Benjamim Constant"* também criou a cadeira de Medicina Legal nas faculdades de Direito e instituiu seu ensino prático nas delegacias de polícia. Ainda em 1891, Nina Rodrigues assumiu o posto de redator-chefe da "Gazeta Médica" e assinou um editorial criticando asperamente a ausência de debates e o vazio da vida intelectual de Salvador. Integrava também a comissão da Faculdade encarregada de publicar a "Revista dos Cursos da Faculdade de Medicina" – prevista nos estatutos desde 1884, mas que só seria iniciada em 1902 – e onde também publicaria vários artigos de sua autoria.

Integrou ainda a comissão eleita pela Congregação da Faculdade para reformar seus estatutos. Uma das propostas apresentadas por ele – rejeitada pela Congregação

– só se tornaria lei muitos anos depois, por iniciativa de um de seus alunos, Afrânio Peixoto, no Rio de Janeiro: a criação de uma habilitação específica para o médico perito.

Em 1892, publicou pela primeira vez na "Gazeta" um artigo sob a rubrica *"anthropologia criminal"*, citando (também pela primeira vez) as *"doutrinas da escola positiva italiana"* na análise do crânio de um bandido que se tornara famoso, o Lucas da Feira. Participou do *Conselho Geral de Saúde Pública da Bahia*, onde reapresentou sua proposta de criação da figura do perito em Medicina Legal – mais uma vez não aceita. Em 1894, Nina Rodrigues publicou seu primeiro livro **As Raças Humanas e a Responsabilidade Penal no Brasil** – um conjunto de lições dadas no ano anterior, reunindo sua crescente preocupação com a Medicina Legal e o interesse anterior sobre o papel da raça na patologia da população brasileira. O livro, cuja última edição é de 1957, era dedicado a *Lombroso*, *Ferri* e *Garófalo* (chefes da nova escola criminalista), a *Lacassagne* (chefe da nova escola médico-legal francesa) e ao *Dr. Corre* (médico legista dos climas quentes). *João Vieira*, professor de Direito Criminal em Recife, debateu com ele sobre o tema na "Revista Brazileira", mas considerou suas sugestões a respeito da precocidade do brasileiro em matéria criminal, no substitutivo que apresentou – como deputado federal – o projeto de Código Penal que se discutira na Câmara, em 1896. Nesse

Lucas da Feira

mesmo ano, Nina Rodrigues publicou também seu primeiro artigo no exterior, **Nègres Criminels au Brésil** – uma ampliação de sua análise sobre Lucas da Feira – na revista editada por Lombroso, em Turim.

Sociedade de Medicina Legal da Bahia

A sociedade aprovou uma proposta de Nina Rodrigues, enviada para o legislativo estadual, de um plano de organização do serviço médico-legal da Bahia, sem qualquer resultado prático, conforme queixava-se ele depois aos seus alunos. Foram aceitos como sócios correspondentes, entre outros, *Souza Lima*, *Clóvis Bevilacqua*, *Candido Mota* e *Alcântara Machado*. Ainda em 1895, Nina Rodrigues foi eleito sócio da *Medico Legal Society*, de Nova York. No ano seguinte, começou a publicar na "Revista Brazileira" os artigos que comporiam seu segundo livro, **O Animismo Fetichista dos Negros Baianos** – lançado primeiro em francês, ao que tudo indica, traduzido por ele mesmo (em 1900) e reeditado somente uma vez (em 1935) com prefácio e notas de Arthur Ramos. Publicou também uma análise sobre Antonio Conselheiro e Canudos – que foi lembrada por Euclides da Cunha em **Os Sertões** – nos "Annales Médico-Psychologiques" e na "Revista Brazileira".

A análise do crânio do Conselheiro, que recebeu no final da Quarta Expedição, só seria publicada quatro anos depois, em francês, também nos *Annales* – sendo editada em português 40 anos depois numa coletânea organizada por Arthur Ramos, a *Collectividades Anormaes*.

Sua aula inaugural dos cursos no ano de 1899, dedicada ao tema *"liberdade profissional em medicina"*, foi transcrita no "Brazil Médico", no "Jornal do Comércio" e na "Revista Médica" (de São Paulo), além de ter sido impressa em brochura por alguns médicos paulistanos. Amplamente divulgada, essa aula lhe valeu elogios da Congregação da Faculdade de Medicina do Rio de Janeiro e a citação de Souza

Lima no IV Congresso de Medicina e Cirurgia (Rio, 1900) – ocasião na qual os médicos pediram ao Parlamento que desse uma interpretação definitiva à expressão *"liberdade profissional"*, inscrita na Constituição. A expressão vinha sendo interpretada (particularmente pelos positivistas) como *"livre exercício da profissão"*, independentemente de qualificação pelas escolas oficiais – o que os médicos viam como um ataque ao ensino acadêmico e defesa do charlatanismo. Nina Rodrigues analisou também o atentado ao presidente Prudente de Moraes, vinculando a ação de Marcelino Bispo (um ex-combatente de Canudos que tentou assassinar o presidente) tanto à sua ascendência indígena, quanto ao ambiente político-social do país, e publicou – em francês – uma extensa monografia sobre uma pequena cidade do interior da Bahia, acompanhada de genealogias que comprovariam os efeitos degenerativos da mestiçagem. Este trabalho nunca foi traduzido para o português.

Em 1901, Nina Rodrigues publicou o primeiro **Manual de Autópsia Médico-Legal** e **O Alienado no Direito Civil Brasileiro**, com comentários e sugestões ao projeto do Código, então em discussão. O livro foi incorporado ao VI volume dos Trabalhos da Comissão da Câmara dos Deputados, que analisava o projeto de Clóvis Bevilacqua. Numa nota na "Revista dos Cursos", Nina anunciava a inauguração do núcleo do primeiro Museu Médico-Legal do Brasil (que guardava cerca de 50 peças), mas não o entregou à faculdade, esperando que *"reformulassem os estatutos da Faculdade ou nela se organizasse um museu"*. Acredita-se que ele tenha levado as peças de sua casa para a faculdade, já que várias foram destruídas no incêndio de 1905. As que resistiram ao incêndio estão no Museu Estácio de Lima do Instituto Médico Legal Nina Rodrigues, em Salvador.

Em outubro de 1903, Nina Rodrigues foi com a família a São Paulo e recebeu homenagens de médicos e juristas. São Paulo não tinha faculdade de Medicina, mas Nina Rodrigues afirmou num discurso que todos que o recebiam formavam *"uma congregação de mestres que podia ser presidida pelo vosso notável Pereira Barre-*

Pereira Barreto

to". Visitou o Butantã, a Santa Casa de Misericórdia (onde recebeu belíssimos *kistos kydaticos* conservados em álcool), a Repartição Central de Polícia, o quartel do Corpo de Bombeiros e a Escola de Farmácia. Os jornais diários e as revistas médicas publicaram elogios à sua obra e, em um deles, Franco da Rocha fez uma descrição de Nina Rodrigues: *"fisionomia à Rui Barbosa, muito simpático, lhano, afável, inteiramente despreocupado de assumir importância, consolidou prontamente nessa atmosfera amorável o conceito em que era tido; cativou imediatamente a todos que o procuraram, fato que se tornou patente nas atenções que encontrou por toda parte"*.

Num banquete em sua homenagem, na *Rotisserie Sportsman*, estavam presentes *Emilio Ribas* (diretor do Serviço Sanitário), *João Passos* (procurador do Estado), *Brasilio Machado* e *Cândido Motta* (professores da Faculdade de Direito), *Antonio de Godoy* (chefe de polícia), *Alcântara Machado*, *Vital Brasil* e *Xavier da Silveira*. Encantado com as homenagens, Nina Rodrigues afirmou em discurso que encontrara em São Paulo o Brasil civilizado e culto, um *"baluarte das tradições latinas"*. Dois anos depois dedicaria uma coletânea de seus trabalhos em Medicina Legal *"aos juristas de São Paulo"*, afirmando – na introdução – que as homenagens que recebera não eram destinadas à sua pessoa, mas sim ao símbolo que ele representava *"na colaboração fraterna das duas grandes classes, a Jurídica e a Médica, na obra comum de garantia da ordem social"*.

Vários dos médicos e juristas que o receberam escreveriam necrológios emocionados três anos depois, e Alcântara Machado faria – em 1940 – uma das apreciações mais sintéticas e completas de sua obra.

Em 1904, fez mais um apelo – dessa vez ao Congresso reunido no Rio de Janeiro – sobre a necessidade de regulamentar a figura do perito pela unificação das leis processuais; juntou a análise de vários casos médico-legais e publicou na "Revista dos Cursos" um extenso trabalho de revisão da legislação brasileira (nunca editado em livro) sobre a questão da assistência aos alienados, onde apresentava um plano para a construção de um hospital-asilo. Em apêndice, vêm os artigos que publicara no "Diário de Notícias" da Bahia sobre a epidemia de beribéri, que matou metade da população do Asilo São João de Deus. Como resultado de sua campanha, os loucos restantes salvaram-se. A Faculdade fez um convênio com o governo do Estado para a construção de um novo hospital e Nina Rodrigues integrou a comissão nomeada para planejá-lo – além dele (relator), participavam *Antonio Pacífico Pereira* e *Luiz Pinto de Carvalho*. O relatório da comissão, publicado na "Revista dos Cursos" e numa brochura, foi entregue ao diretor Alfredo Britto no ano seguinte contendo, além do planejamento da organização do ensino de Clínica psiquiátrica e do asilo de alienados do Estado, as plantas do asilo e uma descrição minuciosa de

Afrânio Peixoto

seu funcionamento. Nesse mesmo exemplar da revista foram publicadas as bases do acordo entre a Faculdade e a Secretaria de Segurança Pública sobre as perícias policiais a serem feitas sob direção do catedrático de Medicina Legal – esses são os primeiros documentos formais sobre a colaboração informalmente feita há tempos entre a Faculdade e a polícia.

Os acordos seriam revalidados por Oscar Freire – sucessor de Nina Rodrigues na cadeira em 1907 – e, sistematicamente, renovados nos anos seguintes. A figura do perito fora, finalmente, apropriada pela Faculdade de Medicina – o que se repetiria no Rio de Janeiro e em São Paulo, graças aos trabalhos de dois alunos de Nina Rodrigues: *Afrânio Peixoto* e *Oscar Freire*. Em 1966, no entanto, as perícias médico-legais voltariam ao controle das Secretarias de Segurança Pública.

Em janeiro de 1905, um incêndio destruiu parte da Faculdade de Medicina e o laboratório de Medicina Legal – lugar de trabalho de Nina Rodrigues. Segundo

Oscar Freire

Antonio Conselheiro

o "Diário da Bahia", foram destruídos *"diversos trabalhos seus de importância científica; trabalhosa coleção de ossos humanos (cerca de 50) medidos e tratados; a cabeça de Antonio Conselheiro, o crânio de Lucas da Feira, além de uma outra coleção de crânios escolhidos, o que foi enormíssima perda"*. No ano seguinte, indicado pela Congregação da Faculdade como delegado ao IV Congresso Internacional de Assistência Pública e Privada em Milão (realizada em maio), Nina Rodrigues embarcou com a família para sua primeira viagem à Europa. Em Lisboa, onde participou de outro congresso médico, encontrou seu amigo desde os tempos de estudante, Justo Jansen Ferreira, que, numa comovida rememoração, registrou que o *"insidioso mal"* (aparentemente câncer no fígado) tinha sido diagnosticado. Nina Rodrigues morreu em Paris, em 17 de julho; foi embalsamado por um dos médicos que admirava – o *Prof. Brouardel* – e enterrado na Bahia em 11 de agosto.

Seguir, quase que passo a passo, a carreira de Nina Rodrigues, ajuda a sinalizar em relevo duas marcas importantes em sua biografia intelectual – curta em anos e larga em publicações: seu intenso zelo institucional (simbolizado pelo fato de que ele estava na Europa também para procurar instrumentos para equipar o seu tão sonhado laboratório, em construção quando morreu) e sua adesão às ideias científicas (vigentes aqui e no exterior de sua época). O que não é sinônimo de adesão às práticas científicas vigentes no país, ao contrário. Nina Rodrigues era um crítico feroz da atmosfera intelectual morna que o cercava e, em mais de uma ocasião, denunciou a falta de infraestrutura da sua Faculdade e as práticas ultrapassadas de pesquisa e docência. O melhor exemplo disso foi a Memória Histórica da Faculdade para o ano de 1897, cuja qual foi incumbido de redigir sua memória – era praxe um docente relatar o que se passara de relevante no meio acadêmico a cada ano. Sua memória era tão crítica às práticas vigentes, que só foi publicada quase 80 anos depois, em 1976, na mesma "Gazeta Médica" da qual fora editor.

Quanto às ideias científicas da época, sua adesão era quase completa: é preciso dizer quase, já que, famoso por seu racismo, ele foi menos lido na clave do pesquisador cuidadoso e responsável pelo registro de boa parte da história oral dos descendentes de africanos na Bahia, aos quais dedicou vários de seus

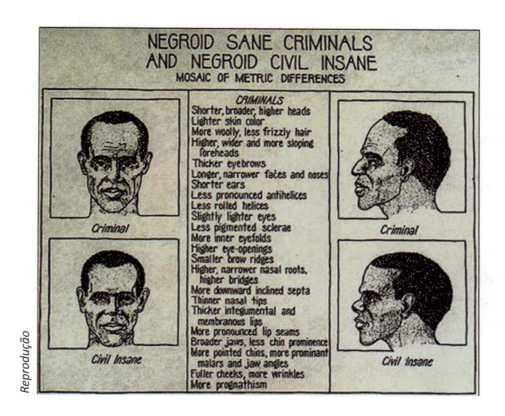

textos, tendo também ele enfrentado o preconceito local ao fazê-lo – consta da tradição baiana que recebeu o apelido de *"negreiro"* por essas pesquisas. Também não devem ter sido muito bem recebidas suas análises sobre o 'fetichismo' dos terreiros nas quais ele o descrevia como análogo a práticas católicas – do mesmo modo que atribuía a perseguição policial aos terreiros a um 'atavismo' compartilhado pela polícia e pelos crentes.

Em vários de seus textos (65 artigos na sua bibliografia – ainda incompleta – e seis livros, além de quatro artigos que ele, ou seus herdeiros intelectuais, deixaram em francês) o foco central diz respeito à influência da raça na degeneração do povo brasileiro. Certamente não foi por acaso o predomínio do mesmo assunto nos seus dois livros póstumos – ou três, se contarmos o "Animismo", que só apareceu em francês durante sua vida. Os livros que não se tornaram acessíveis como tal, acabaram enterrados como extensos artigos publicados nas páginas da "Revista dos Cursos da Faculdade", ou em brochuras em Salvador – são textos mais técnicos, seja sobre a prática da medicina legal, seja sobre o serviço de assistência aos alienados no país, assunto com o qual esteve dedicado no final da sua vida e que são extremamente informativos quanto a história desses campos do saber no Brasil.

Ainda que sua carreira possa ser lida sob a inspiração teórica de *Pierre Bourdieu*, e mesmo que ela tenha admiradores contemporâneos, pode-se dizer que não foi ainda analisada de maneira definitiva. Em 2016 completou-se o centenário de sua morte, e o melhor que os pesquisadores interessados por Nina poderiam fazer seria reeditar seus textos, propiciando assim uma análise mais refinada de sua atuação e do contexto dela. O **Animismo Fetichista dos Negros Baianos**, por exemplo, teve uma

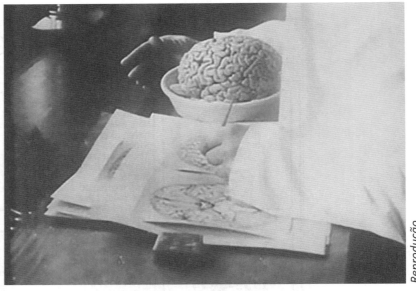

triste sina: composto a partir de uma série de artigos aparecidos na "Revista Brazileira" (entre 1896 e 1897), o livro foi traduzido primeiro para o francês – aparentemente pelo próprio Nina Rodrigues – e publicado por uma gráfica de Salvador. Seu autointitulado discípulo *Arthur Ramos*, fez uma colagem dos dois textos e a publicou em 1935. Sem uma acurada comparação das duas versões, será difícil incluí-lo no currículo de cursos de antropologia, apesar das belas cenas de pesquisa que ele contém, dos cuidados metodológicos que sugere (um pouco *à la Evans-Pritchard*, antes de eles terem se tornado moeda corrente na antropologia) e pela frase profética sobre a influência cultural dos negros: *"na Bahia todas as classes sociais estão aptas a se tornarem negras"*.

Os livros publicados de Nina Rodrigues são, pela ordem:

• **As Raças Humanas e a Responsabilidade Penal no Brasil** (1894). Salvador: Livraria Progresso, 1957;

• **O Animismo Fetichista dos Negros Baianos** (1900), com prefácio e notas de Arthur Ramos. Rio de Janeiro: Civilização Brasileira S.A., 1935;

• **O Alienado no Direito Civil Brasileiro** (1901). Rio de Janeiro: Editora Guanabara, SDP (provavelmente 1933);

• **Manual de autópsia médico-legal**. Salvador: Reis & Comp., 1901;

• **Os Africanos no Brasil** (1932). São Paulo: Companhia Editora Nacional, 1977;

• **Collectividades Anormaes**, coletânea de artigos, organização e prefácio de Arthur Ramos. Rio de Janeiro: Civilização Brasileira S. A., 1939.

5 Juliano Moreira

Nascido em 6 de janeiro de 1873, em Salvador, **Juliano Moreira** é de família pobre e entrou para a Faculdade de Medicina muito jovem, em 1886. Formou-se aos 18 anos, antes da Abolição. Em 1891, tornou-se professor de sua Faculdade. Moreira foi o primeiro psiquiatra brasileiro a receber reconhecimento internacional. Participou de muitos congressos médicos e por várias vezes representou o Brasil no exterior. Foi membro de diversas sociedades médicas e antropológicas internacionais e destacou-se pelo trabalho desenvolvido como diretor do Hospital Nacional de Alienados, no período de 1903 a 1930. Faleceu em 1933, no Rio de Janeiro.

Juliano Moreira (quinto da esquerda para a direita)

Fundação do Hospício São João de Deus, conhecido mais tarde como Hospital Juliano Moreira

6 Antonieta de Barros

Antonieta de Barros

Nascida em 11 julho de 1901, em Florianópolis (SC), **Antonieta de Barros** era filha de Catarina e Rodolfo de Barros. Órfã de pai, foi criada pela mãe. Depois dos estudos primários, ingressou na Escola Normal Catarinense. Antonieta teve que romper muitas barreiras para conquistar espaços que, em seu tempo, eram inusitados para as mulheres – ainda mais uma mulher negra. Nos anos 20, deu início às atividades de jornalista, criando e dirigindo em Florianópolis o jornal "A Semana" – mantido até 1927. Três anos depois, passou a dirigir o periódico "Vida Ilhoa", na mesma cidade.

Como educadora, fundou – logo após ter se diplomado no magistério – o "Curso Antonieta de Barros", que dirigiu até sua morte. Lecionou, ainda em Florianópolis, no Colégio Coração de Jesus, na Escola Normal Catarinense e no Colégio Dias Velho – do qual foi diretora no período de 1937 a 1945.

Na década de 30, manteve intercâmbio com a Federação Brasileira pelo Progresso Feminino (FBPF), como revela a correspondência trocada entre ela e Bertha Lutz – hoje preservada no Arquivo Nacional.

Na primeira eleição em que as mulheres brasileiras puderam votar e serem votadas, filiou-se ao Partido Liberal Catarinense e elegeu-se Deputada Estadual (1934-1937). Tornou-se, desse modo, a primeira mulher negra a assumir um mandato popular no Brasil. Foi também a primeira mulher a participar do Legislativo Estadual de Santa Catarina. Depois da redemocratização do país com a queda do Estado Novo, concorreu a deputada estadual nas eleições de 1945 e obteve a primeira suplência pela legenda do Partido Social Democrático (PSD); assumiu a vaga na Assembleia Legislativa em 1947, e cumpriu seu mandato até 1951.

Usando o pseudônimo literário de Maria da Ilha, escreveu o livro **Farrapos de Ideias**. Faleceu em Florianópolis, no dia 28 de março de 1952.

Fonte: Dicionário Mulheres do Brasil de 1500 até à atualidade
Editor.: Jorge Zahar; Organizado Schuma Schumaher e Érico Vital Brazil

7. Abdias do Nascimento

Abdias do Nascimento nasceu em Franca/SP, em 14 de março de 1914. Foi professor emérito da Universidade do Estado de Nova York (Buffalo, EUA), onde fundou a Cátedra de Culturas Africanas no Novo Mundo do Centro de Estudos Porto-riquenhos. Foi artista plástico, escritor, poeta e dramaturgo. Doutor Honoris Causa pela Universidade do Estado do Rio de Janeiro (1993) e Doutor Honoris Causa pela Universidade Federal da Bahia (2000), foi Deputado Federal (1983-1986), Secretário de Estado do Governo do Rio de Janeiro e da Secretaria Extraordinária de Defesa e Promoção das Populações Afro-Brasileiras (SEAFRO) de 1991 a 1994, e Senador da República de 1991 a 1999. Suplente do Senador Darcy Ribeiro, assumiu a cadeira no Senado, representando o Rio de Janeiro pelo PDT em dois períodos: 1991-1992 e 1997-1999. Foi Secretário de Estado de Direitos Humanos e da Cidadania do Governo do Estado do Rio de Janeiro (1999) e Coordenador do Conselho de Direitos Humanos (1999-2000).

Abdias do Nascimento

Fundou em 1944, com apoio de um grupo de negros e de setores da intelectualidade carioca, o **Teatro Experimental do Negro (TEM)** na sede da União Nacional dos Estudantes (UNE), onde foram realizados os primeiros cursos de alfabetização, treinamento dramático e cultura geral para os participantes da entidade.

Em 2006, pelo então presidente Luiz Inácio Lula da Silva, foi condecorado com a Ordem do Rio Branco no grau de Comendador. Em 2007, o Ministério da Cultura lhe outorgou a Grã-Cruz da Ordem do Mérito Cultural e em 2009 recebeu a Grã-Cruz da Ordem do Mérito do Trabalho pelo Ministério do Trabalho – todas as três são as mais altas honrarias do Governo Federal do Brasil em suas respectivas áreas.

Abdias do Nascimento é descrito como o mais completo intelectual e homem de cultura do mundo africano do século XX.

8. Milton Santos

Considerado o maior geógrafo brasileiro, **Milton Santos** nasceu em Brotas de Macaúbas (BA) em 1926, e faleceu em 2001. Introduziu importantes discussões na geografia – como a retomada de autores clássicos – e foi um dos expoentes do movimento de renovação crítica da disciplina. Celebrizou na França, onde obteve o doutorado e lecionou durante a ditadura. Sua produção acadêmica soma cerca de 40 livros e 300 artigos científicos. Foi o único estudioso fora do mundo anglo-saxão a receber um prêmio internacional em geografia – o **Prêmio Vautrin Lud** (1994), considerado um equivalente ao Nobel na Geografia.

Milton foi consultor da Organização dos Estados das Nações Unidas da Unesco, da Organização Internacional do Trabalho e da Organização dos Estados Americanos. Foi consultor em várias áreas junto aos governos da Argélia, Guiné-Bissau e Venezuela. Possui 13 títulos de Doutor Honoris Causa recebidos no Brasil, França, Argentina e Itália, entre outros países, e fez pesquisas em mais de 20. Recebeu o **Prêmio Jaboti** pelo melhor livro em Ciências Humanas e foi condecorado Comendador da Ordem Nacional do Mérito Científico.

Milton Santos nunca participou de movimentos negros, pois acreditava que deveria conquistar reconhecimento através de atitudes como, por exemplo, ingressar na universidade. *"Minha vida de todos os dias é a de negro"*, declarou.

9. Benedita da Silva - Benê

Benedita da Silva nasceu no dia 11 de março de 1942, na favela da Praia do Pinto (RJ). De lá, mudou-se muito cedo para o Morro do Chapéu Mangueira (no Leme), onde viveu durante 57 anos. Formada em Assistência Social e licenciada em Estudos Sociais, Benê é fundadora e primeira presidente do Departamento Feminino da favela Chapéu Mangueira, no Rio de Janeiro – onde exerce também a função de professora na escola Comunitária local.

Em 1982 foi eleita vereadora do Rio de Janeiro pelo Partido dos Trabalhadores (PT) e liderou o partido na Câmara. Como vereadora, organizou o 1º e o 2º Encontro de Mulheres de Favelas e Periferia, que deram origem ao CEMUFP. É conselheira do Conselho Nacional dos Direitos da Mulher e integrante da Comissão de defesa dos Direitos da Mulher no Estado do Rio de Janeiro.

Em 15 de novembro de 1986, Benedita da Silva, enfrentando sua tríplice discriminação (negra, mulher e pobre), se elegeu Deputada Federal pelo PT do Rio. Em 01 de fevereiro de 1987, tomou posse em Brasília com a única constituinte negra – estava com dengue, doença típica da população pobre. Depois de reeleger-se em 1990, Benedita da Silva candidatou-se à Prefeitura do Rio de Janeiro; venceu no primeiro turno, mas perdeu no segundo para César Maia. Em 2001, presidiu a Conferência Nacional de Combate ao Racismo, Discriminação Racial, Xenofobia e Intolerâncias Correlatas, que reuniu mais de dez mil pessoas de todo país, entre lideranças de ONGs e governos.

Em 1994, tornou-se a primeira mulher negra a ocupar uma vaga no Senado, com mais de 2,2 milhões de votos. Foi eleita vice-governadora do Rio de Janeiro em 1998 na chapa de Anthony Garotinho; assumiu o governo em abril, tornando-se a primeira mulher negra a governar um Estado brasileiro. Em 2003, no governo Lula, assumiu a Secretaria da Assistência e Promoção Social, com *status* de ministra, cargo que ocupou até janeiro de 2004, tornando-se a primeira mulher negra a atingir essa posição na política brasileira.

Fonte: Centro de Documentação Carolina de Jesus/CCMN.

Unidade 9
A educação e as relações étnico-raciais

Referência sobre a educação para relações étnico-raciais

A história da educação tem no currículo do educador um espaço como disciplina específica. Porém, observa-se que, há pouco mais de 43 anos, a inexistência de conhecimento sobre o povo negro na rotina escolar ainda era uma realidade – o ensino passa por uma expansão de números de vagas somente a partir de 1960. Percebe-se então que, anterior à essa data, é como se o negro não existisse na cultura, na contribuição agrícola e na mão-de-obra especializada, pois, até então, era visto somente como escravo.

Gera-se, então, uma curiosidade histórica privada de objetos de previdência prévia, ou seja, a introdução da história do negro. Ao longo da história brasileira produzimos um quadro referente aos grupos étnicos raciais (brancos e negros), sendo que o nosso país contabiliza a segunda maior população negra e afrodescendente do mundo, ficando apenas atrás da Nigéria.

O Brasil, assim como os brasileiros, não incorporou a discriminação racial para explicar os baixos índices de desenvolvimento humano, na tentativa de silenciar a resistência negra. Portanto, atualmente não é mais possível – em um debate pedagógico – destacar a imagem da sociedade brasileira sem que haja uma democracia racial.

Denunciar as condições de vida da população negra tem sido evidenciado em um sistema educacional e perpetuado numa série de entraves. Tais constatações acabaram por obrigar o Estado a construir políticas públicas de combate às desigualdades sociais e educacionais, gerando mudanças no conceito da educação e promovendo diretrizes curriculares nacionais para a educação das relações étnico-raciais e para o ensino da cultura indígena, afro-brasileira e africana.

A trajetória educacional reúne, hoje com negros, metodologias e propostas políticas pedagógicas antirracistas, inserindo a história da educação da população negra. O conhecimento histórico é ferramenta e mecanismo legal, pedagógico, administrativo e político. Por essa razão, a história da educação do negro – e outras histórias – têm na educação um papel de fortalecimento das entidades e dos direitos dos povos negros (e de outros povos) responsáveis pela construção do país.

❷ Questões étnicas no cotidiano escolar

Utilização de conteúdo multidisciplinar

Como conteúdo multidisciplinar, é preciso fazer com que o assunto seja debatido permanentemente e não em momentos isolados, tratando especificamente das questões como disciplina, e não como uma questão exótica e folclórica a ser estudada. Tais questões devem se tornar uma realidade no dia a dia.

Valorização das contribuições reais do povo negro

É necessário atentar para uma visão consciente sobre as contribuições sociais, econômicas e culturais, além de valorizar as estratégias e as experiências vividas por esse povo, sem banalizar ou folclorizar sua cultura. Além disso, é necessário um aprofundamento em pesquisas e estudos, descortinando a riqueza de seus rituais festivos e religiosos, suas vestimentas e alimentação, enfatizando o equívoco ao dizer que a escola não é um ambiente favorável para tratar dessas questões de maneira objetiva.

Desconstrução de estereótipos atribuídos ao negro

A escola tem papel fundamental em nortear o estudo sobre as diferenças entre grupos étnico-culturais, ressaltando que ser diferente não é ser superior ou inferior, mas construir uma vivência igualitária.

shutterstock

Material pedagógico com temas estereotipados do negro

A escola, em sua prática diária, deve fortalecer a autoestima do grupo étnico-racial, fazendo com que este tenha orgulho de sua descendência. Cabe ao educador construir (ou fortalecer) as contribuições do negro e de qualquer outro grupo denominado "diferente". A instituição escolar deve trazer à tona a reflexão, no sentido de fazer uma leitura crítica do material didático ou paradidático, com conotações e características estereotipadas.

Alternativas pedagógicas de recursos adequados

É uma obrigatoriedade dos governos Federais, Estaduais e Municipais, e toda a comunidade escolar – direção, supervisão, professores, bibliotecários e pessoal de apoio, não se esquecendo dos grupos sociais e instituições educacionais, incluindo a sociedade como um todo – a disponibilização de materiais didáticos e paradidáticos eficientes, e o mais importante: "sensibilização ou capacitação" constante para que o professor se recicle para lidar com tais questões.

Reprodução

3. Superação étnico-racial nas escolas

A superação étnico-racial brasileira só se fará presente quando as crianças de todas as origens tiverem o conhecimento da riqueza e da importância da contribuição e dignidade de suas culturas. Jovens e adultos têm os mesmos direitos. Nas Universidades, também; nos departamentos há disciplinas que informam sobre a história da África. Infelizmente, para todos os níveis escolares, esse tema torna-se praticamente invisível, pois sabemos o quão importante é a construção histórica e social do nosso povo e de nós mesmos.

O conhecimento destas questões é fundamental para ajudar a superar o medo e/ou desprezo das diferenças raciais, ainda presentes nas escolas e na sociedade. Esta complexidade é uma tarefa da sociedade como um todo e dos profissionais da educação. Uma escola, para exercer seu papel de cidadã, não pode deixar de incluir a questão racial e as diferentes culturas no seu currículo escolar.

Durante vários anos, a formação dos educadores foi homogeneizada e linear. Essa neutralidade – imposta através da sua formação – fez com os que valores básicos da compensação pluriétnica da sociedade brasileira fossem ignorados.

A valorização de um currículo eurocêntrico, que privilegiou a cultura branca, masculina e cristã, menosprezou as demais culturas dentro da composição do currículo e das atividades do cotidiano escolar. As culturas não-brancas foram relegadas a uma inferioridade imposta no interior da escola e, concomitantemente a esses povos, determinadas como as classes sociais inferiores da sociedade.

A formação docente é atualmente prioritária para a mudança deste contexto. Grande parte dos educadores ainda não reconhece a diversidade e a diferença, por conseguinte, não possuem a capacidade de análise para transformar a sua prática. Diante das transformações mundiais, que impõem novos olhares frente ao conhecimento, observa-se nas últimas décadas do século XX uma série de reformas educacionais, onde foram elaborados novos marcos legais para a educação, junto com o desenho de políticas públicas, que objetivam o desenvolvimento de novas capacidades técnicas administrativas incluindo, entre outras questões, novos conteúdos de ensino da escola pública e da formação de educadores. Esse processo estimulou discussões em diversas áreas do conhecimento sobre a presença ou não no currículo das culturas existentes na sociedade.

Fonte: www.anped.org.br/reuniões/29ra/trabalhos
EDUCAÇÃO DAS RELAÇÕES ÉTNICO-RACIAIS: O DESAFIO DA FORMAÇÃO DOCENTE. GONÇALVES, Luciane Ribeiro Dias

Referências Bibliográficas

ABUQUERQUE, Wlamyra R. de; FILHO, Walter Fraga. Uma história do negro no Brasil. 2006. Centro de Estudos Afro-orientais – Fundação Cultural Palmares. Disponível em: https://www.geledes.org.br/wp-content/uploads/2014/04/uma-historia-do-negro-no-brasil.pdf. Acesso em: 27/01/2012.

ADORNO, Camille. A arte da capoeira. 1ª. Edição. Goiânia/GO: Editora Kelps.

BATISTA, Luiza Helena Candida da Silva; CARVALHO, Simone Aparecida de. A trajetória do negro no Brasil e a importância da cultura afro. 2009. Disponível em: http://artigos.netsaber.com.br/resumo_artigo_40633/artigo_sobre_a-trajetoria-do-negro-no-brasil-e-a-cultura-afro.

BUONICORE, Augusto. Luiz Gama – O precursor do abolicionismo no Brasil. 2010. Disponível em: http://www.vermelho.org.br/noticia/131826-11.

CAMPOS, Flavio de; CLARO, Regina; DOLHNIKOFF, Mirim. Nos dias de hoje – Jogo da história. 2ª. Edição. Leya Brasil.

CORRÊA, Mariza. As ilusões da Liberdade – A escola de Nina Rodrigues e a antropologia no Brasil. 2ª. Edição. Revista Memória.

CUNHA, Lázaro. Contribuição dos povos africanos para o conhecimento científico e tecnológico universal. Disponível em: http://www.acaoeducativa.org.br/fdh/wp-content/uploads/2012/11/contribuicao-povos-africanos.pdf. Acesso em 30/11/2011.

DICIONÁRIO ENCICLOPÉDICO CONHECER – Volume 1. 1968, Abril Cultural.

DICIONÁRIO ENCICLOPÉDICO CONHECER – Volume 3. 1968, Abril Cultural.

DICIONÁRIO ENCICLOPÉDICO CONHECER – Volume 7. 1968, Abril Cultural.

DICIONÁRIO ENCICLOPÉDICO CONHECER – Volume 8. 1968, Abril Cultural.

FERREIRA, Ligia Fonseca. Luiz Gama – Um abolicionista leitor de Renan. 2007, São Paulo. Disponível em: http://www.scielo.br/scielo.php?script=sci_arttext&pid=S0103-40142007000200021. Acesso em 01/08/2011.

FILHO, Mário José Maestri. Quilombos e quilombolas em terras gaúchas. 1979, Universidade de Caxias do Sul.

GOLÇALVES, Luciane Ribeiro Dias. Educação das relações étnico-raciais – O desafio da formação docente. Disponível em: http://29reuniao.anped.org.br/trabalhos/trabalho/GT21-2372--Int.pdf. Acesso em 06/12/2011.

HISTÓRIA DA EDUCAÇÃO DO NEGRO E OUTRAS HISTÓRIAS. 2005, Brasília/DF. Disponível em: http://etnicoracial.mec.gov.br/images/pdf/publicacoes/historia_educacao_negro.pdf. Acessado em 27/05/2012.

INFLUÊNCIA DA MÚSICA ADRICANA NO MUNDO. Disponível em: http://www.ruadireita.com/musica/info/influencia-da-musica-africana-no-mundo. 11/11/2011.

JUNIOR, Henrique Cunha. Tecnologia africana na formação brasileira. 1ª. Edição. 2010, Rio de Janeiro, Centro de Articulação de Populações.

LAMPREIA, José D. Etno-História do império de Mali – Subsídios para o seu estudo. 1959, Lisboa.

LIMA, Claudia. Antigos impérios africanos. Disponível em: https://www.yumpu.com/pt/document/view/12723639/antigos-imperios-africanos-claudia-lima-pesquisadora/4. Acessado em 10/10/2011.

LIMA, Marcus Eugênio Oliveira; VALA, Jorge. As novas formas de expressão do preconceito e do racismo. 2004. Disponível em: http://www.scielo.br/pdf/epsic/v9n3/a02v09n3.pdf. Acesso em: 10/10/2011.

MANUAL DA ANEMIA FALCIFORME PARA A POPULAÇÃO – Série A – Normas e Manuais Técnicos. 2007, Brasília/DF. Disponível em: http://www.saude.sp.gov.br/resources/ses/perfil/cidadao/orientacao/manual_da_anemia_falciforme_para_a_populacao.pdf. Acesso em 06/12/2011.

MURRAY, Jocelyn. África – O despertar de um continente. 1996, Del Prado.

OLIVA, Anderson. Uma história esquecida – A abordagem da África antiga nos manuais escolares de história (estudos de caso no Brasil e em Portugal – 1990-2005). 2008. Disponível em: http://periodicos.unb.br/index.php/emtempos/article/download/2601/2152. Acessado em: 17/05/2011.

OLIVEIRA, André Côrtes de. Quem é a "gente negra nacional"? Frente negra brasileira e a voz da raça (1933-1937). 2006. Disponível em: http://repositorio.unicamp.br/bitstream/REPOSIP/281498/1/Oliveira_AndreCortesde_M.pdf. Acesso em 18/04/2011.

OLIVEIRA, Eduardo de. Quem é quem na negritude brasileira. 1998, Cnab.

SALUM, Marta Heloisa Leuba. África – Culturas e sociedade. 1999. Disponível em: http://www.arteafricana.usp.br/codigos/textos_didaticos/002/africa_culturas_e_sociedades.html. Acessado em: 30/11/2011.

SANTOS, Anderson Oramísio; COSTA, Olga Helena. Relações étnico-raciais na educação infantil. 2003. Disponível em: http://www.palmares.gov.br/wp-content/uploads/2010/11/RELA%C3%87%C3%95ES-%C3%89TNICO-RACIAIS-NA--EDUCA%C3%87%C3%83O-INFANTIL.pdf.

SILVA, Augusto Lins e. Atualidade de Nina Rodrigues, estudo biobibliográfico e crítico. 1945, Editora Leitura.

SILVA, Sandra Regina Santos. Me gritaron negra! – Afrodescendência na integração regional do Mercosul (1991-2014). 2015, Brasília. Disponível em: http://repositorio.unb.br/bitstream/10482/19063/1/2015_%20SandraRegina-SantosSilva.pdf. Acessado em: 30/11/2011.

SHARPE, Jim. A história vista de baixo. In: BURKE, Peter (org.). A escrita da história: novas perspectivas. São Paulo: Editora UNESP, 1992.

SHUMAHER, Schuma; BRAZIL, Erico Vital. Dicionário Mulheres do Brasil de 1500 até a atualidade. 2ª. Edição. Rio de Janeiro/RJ: Zahar.

SILVA, Alberto da Costa e. A enxada e a lança – A África antes dos portugueses. 2014. Nova Fronteira.

SOUZA, Marina de Mello e. Reis negros no Brasil escravista – História da festa de coroação de \rei congo. 2002, Editora UFMG.

SOUZA, Marina de Mello e. África e Brasil africano. 3ª. Edição. 2013, Ática.

SVEVO, Célia. A invenção do alfabeto. 2009. Disponível em: https://www.revistaplaneta.com.br/a-invencao-do-alfabeto/. Acesso em: 27/06/2012.

TEIXEIRA, Rodrigo Corrêa. História dos ciganos no Brasil. 2008, Recife. Disponível em: http://www.dhnet.org.br/direitos/sos/ciganos/a_pdf/rct_historiaciganosbrasil2008.pdf. Acesso em 08/07/2012.

THEODORO. Helena. Mulher negra, luta e fé – Séculos XVI a XIX. Disponível em: http://www.casadeculturadamulhernegra.org.br/mulheres-negras/textos/. Acesso em 01/08/2016.

VAINFAS, Ronaldo. Colonização, miscigenação e questão racial – Notas sobre equívocos e tabus da historiografia brasileira. Disponível em: http://www.historia.uff.br/tempo/artigos_dossie/artg8-1.pdf. Acesso em: 27/01/2012.

VERRANGIA, Douglas; SILVA, Petronilha Beatriz Gonçalves e. Cidadania, relação étnico-raciais e educação – Desafios e potencialidades do ensino de ciências. Disponível em: http://www.scielo.br/pdf/ep/v36n3/v36n3a04.pdf. Acesso em: 08/07/2012.

VIEIRA, Cleber Santos. História, literatura e a imaginação histórica de Joel Rufino dos Santos. Disponível em: https://www.anpuhsp.org.br/sp/downloads/CD%20XX%20Encontro/PDF/Autores%20e%20Artigos/Cleber%20Santos%20Vieira.pdf. Acessado em 30/11/2011.

Apostila de jogos infantis africanos e afro-brasileiros. Disponível em: https://www.geledes.org.br/wp-content/uploads/2015/11/Apostila-Jogos-infantis-africanos-e-afro-brasileiros.pdf. Acessado em 04/11/2017.

IBGE. Disponível em: https://paises.ibge.gov.br/#/pt. Acessado em 04/11/2017.

Apostila de jogos infantis africanos e afro-brasileiros. Disponível em: https://www.geledes.org.br/wp-content/uploads/2015/11/Apostila-Jogos-infantis-africanos-e-afro-brasileiros.pdf. Acessado em 04/11/2017.

Dicionário Online em Português. Disponível em: https://www.dicio.com.br/memoria/. Acessado em 10/11/2017.

Dicionário Informal. Disponível em: https://www.dicionarioinformal.com.br/significado/mem%C3%B3rias/8906/. Acessado em 10/11/2017.

FUNDAÇÃO ROBERTO MARINHO. A cor da cultura – Saberes e Fazeres – Modos de Brincar. 1ª Edição. Rio de Janeiro: 2006, p. 115-116;122. Disponível em: http://www.acordacultura.org.br/sites/default/files/kit/MODOSBRINCAR-WEB-CORRIGIDA.pdf. Acessado em 07/11/2017.

ÁFRICA, Palavra Cantada. Disponível em: https://www.vagalume.com.br/palavra-cantada/africa.html. Acessado em 10/11/2017.

ÁFRICA, Palavra Cantada. Disponível em: https://www.youtube.com/watch?v=yGv47mv7874. Acessado em 10/11/2017.

MAPA. Disponível em: http://4.bp.blogspot.com/-CGdeu-ZN1EY/UctcXZ0gSqI/AAAAAAAACTE/RbSj9a4i2YM s1600/002.jpg. Acessado em 10/11/2017.

FUNDAÇÃO ROBERTO MARINHO. A cor da cultura – Saberes e Fazeres – Modos de Ver. 1ª Edição. Rio de Janeiro: 2006. Disponível em: http://www.acordacultura.org.br/sites/default/files/kit/Memoria_MEC.pdf. Acessado em 10/11/2017.

Você conhece a África? Disponível em: http://3.bp.blogspot.com/_Lo2ZbQfVA3Y/SwIDy3T7kCI/AAAAAAAAASM/D7N2shxsuDY/s1600/Dia+da+Consci%C3%AAncia+Negra0001.jpg. Acessado em 10/11/2017.

Rotas da Escravidão Disponível em: https://paises.ibge.gov.br/ e http://4.bp.blogspot.com/-CGdeu-ZN1EY/UctcXZ0gSqI/AAAAAAAACTE/RbSj9a4i2YM/s1600/002.jpg. Acessado em 10/11/2017.

FUNDAÇÃO ROBERTO MARINHO. A cor da cultura – Saberes e Fazeres – Modos de Interagir. 1ª Edição. Rio de Janeiro: 2006, p.60. Disponível em: http://www.acordacultura.org.br/sites/default/files/kit/Memoria_MEC.pdf. Acessado em 10/11/2017.

Planos Pedagógicos - 1º ao 5º ano

SEQUÊNCIA DIDÁTICA — 1° ano do Ensino Fundamental (História)

Elaborado por Sonelise Cizoto e Natanael dos Santos

TÍTULO DA SEQUÊNCIA DIDÁTICA: Nosso mundo!

A Base Nacional Comum Curricular (BNCC) apresenta para o 1º ano do Ensino Fundamental a Unidade Temática 2 – "Mundo pessoal: eu, meu grupo social e meu tempo". Acompanhe no quadro a seleção dos objetos do conhecimento e das habilidades a serem trabalhadas nesta sequência didática, que tem duração de 4 aulas.

OBJETIVOS DE APRENDIZAGEM	
Objetos de conhecimento	**Habilidade**
A vida em casa, a vida na escola, as formas de representação social e espacial: os jogos e brincadeiras como forma de interação social e espacial.	**(EF01HI05)** – Identificar quais as diferenças e semelhanças entre jogos e brincadeiras atuais e de outras épocas e lugares.

Outros objetivos:

• Conhecer uma brincadeira da África e ter a oportunidade de brincá-la com os demais colegas;

• No mapa da África, identificar de onde veio a brincadeira "Terra-Mar";

• Interagir com as famílias e colegas de classe para aprender e brincar as "brincadeiras de antigamente";

• Reconhecer que nem todo mundo brinca igual e que as preferências fazem parte das características pessoais e particulares do indivíduo.

INTRODUÇÃO

Todo conhecimento sobre o passado é também um conhecimento do presente, composto por vários sujeitos revestidos de histórias particulares. Ao entrar em contato com alguns desses conhecimentos, o aluno terá a oportunidade de conhecer sua história, construir seu próprio eu e ampliar a consciência de si, além de conhecer as histórias dos demais, compondo uma trama entre o "eu" e o "outro". Trata-se de um exercício de constituição do sujeito, um processo longo. Não menos importante, um exercício de reconhecimento do existir do "outro" e de que cada um aprende o mundo de forma particular, sem discriminação e sem privilégios – de uma forma sobre a outra.

Aqui, desejamos contribuir, de modo efetivo e especial, para uma educação que lute pelo combate ao racismo a partir da valorização da cultura africana e afro-brasileira.

RECURSOS E MATERIAIS NECESSÁRIOS

Como suporte, o professor pode utilizar a referência do livro **Trajetórias do Africano no Espaço Geográfico Brasileiro**, localizada nas páginas 55 a 62, que compreendem os tópicos a seguir:
- A cultura africana no cotidiano brasileiro;
- O racismo;
- Racismo é crime inafiançável e imprescritível.

AULA 1 – Mapa da África com os nomes escritos em CAIXA ALTA, para contribuir no processo de alfabetização dos alunos (há uma referência na página 20 do livro **Trajetórias do Africano no Espaço Geográfico Brasileiro**).

Você pode acessar o mapa nos endereços abaixo – inclusive, existem neles mapas para colorir:
- http://www.baixarmapas.com.br/mapa-da-africa/
- http://neusapereira.zip.net/images/MAPA.JPG
- http://www.colorir.blog.br/desenhos/mapa-da-africa-para-imprimir/4

Sugestão de Atividade: Leve os alunos para uma área externa, onde seja possível escrever com giz de lousa – ou outro material lavável.

Você vai precisar de:
- Giz de lousa – ou outro material lavável;
- Sinopse da brincadeira "Terra-Mar";
- Elaboração de um bilhete que será enviado aos familiares sobre a atividade que será realizada com a família na Aula 3.

AULA 2
Sugestão de Atividade
- Lousa e giz;
- Papel grande e canetas grossas;

• Folha sulfite – uma para cada aluno;
• Materiais para desenhar e colorir: lápis preto e colorido, canetinhas, giz de cera, etc.;
• Retalhos de papéis diversos;
• Tesoura e cola;
• Painel para afixar os papéis, compondo um mural com registros de escrita e desenho.

AULA 3

Você pode registrar a aula através de fotografias e/ou vídeos (ou solicitar a ajuda de alguém) para, posteriormente, utilizá-las na aula em que a atividade será retomada com a turma durante o processo de avaliação. Você também pode utilizar as imagens para montar um painel com os alunos, deixando a atividade exposta na escola para a apreciação de todos – inclusive das próprias famílias no momento de reunião de pais, de festa ou de alguma apresentação cultural (tal como uma Feira de Ciências, por exemplo). A montagem do painel é um ótimo momento para ampliar as atividades referentes ao processo de alfabetização dos seus alunos, que podem elaborar o título e as legendas das imagens;

Converse previamente com as famílias que indicaram a disponibilidade de ir até a escola contar, ensinar e demonstrar aos alunos as brincadeiras infantis de antigamente. Conte a eles suas expectativas com a ação e os objetivos que devem ser atingidos com os alunos:

a) Interação com os familiares e colegas de turma;

b) Aprendizado sobre as brincadeiras de antigamente a partir do relato de adultos;

c) Identificação de semelhanças e diferenças entre brincadeiras atuais e de outras épocas e/ou lugares.

Por fim, verifique e separe previamente os materiais necessários para a realização na escola das brincadeiras indicadas pelas famílias;

AULA 4

Separe cartolinas para a turma, as quais devem conter um traço colorido dividindo-a ao meio, no sentido da largura. Entregue uma cartolina por dupla e disponibilize os materiais a seguir:

• Materiais para desenhar e colorir: lápis preto e colorido, canetinhas, giz de cera, etc.;
• Tesoura e cola;
• Painel para afixar as cartolinas dos grupos.

DESENVOLVIMENTO / ETAPAS

AULA 1 – Jogo "Terra-mar" de Moçambique.
Duração: 1h40

1ª Atividade: Onde fica Moçambique?

Organize os alunos de forma coletiva.

Na abertura da aula, utilize um mapa da África com os nomes dos países escritos em CAIXA ALTA, para contribuir com o processo de alfabetização dos alunos.

Pergunte por quem pode lhe ajudar a localizar um país da África chamado Moçambique – aqui, permita que os alunos interajam com o mapa, procurando onde fica o país solicitado. Auxilie-os na identificação do nome do país a partir das letras que eles já conhecem. Pergunte se eles sabem qual a primeira letra de Moçambique. Os alunos que tem a letra "M" como a primeira do nome, podem reconhecer e apontar aos demais, por exemplo. Posteriormente, pergunte que outras letras eles reconhecem na palavra Moçambique. Converse com os alunos sobre a localização, sobre os países vizinhos a Moçambique, e peça que observem se este é um país banhado pelo mar – vale a pena destacar o mar em Moçambique justamente porque a brincadeira "Terra-mar" vai utilizar essa linguagem. Pergunte quem sabe como se chama o continente onde está localizado Moçambique e, por fim, conte aos alunos que os países são organizados em continentes e que Moçambique fica no continente africano ou na África.

2ª Atividade: Vamos brincar com as crianças de Moçambique?

Organize os alunos no pátio, de forma coletiva, e verifique se no local há um piso no qual você possa escrever com giz ou outro material lavável.

Pergunte aos alunos se eles sabem que em Moçambique existe uma brincadeira de atenção chamada "Terra- mar".

Trace uma linha reta no chão. De um lado escreva "TERRA" e do outro lado da linha escreva "MAR", privilegiando sempre o uso de CAIXA ALTA para o registro das palavras. No início da brincadeira todos devem ficar do lado da terra. O jogo começa ao ouvirem você dizer "Mar!"; neste momento todos devem pular para o lado do mar. Quando você disser "Terra!", eles devem pulam para o lado da terra. Quem pular para o lado errado sai e o último a permanecer sem errar, vence.

Você pode repetir a brincadeira sugerindo que eles façam gestos. Por exemplo: no mar, peça para que eles façam de conta que estão nadando, e quando o comando for a terra, que eles caminhem. Pode ser que seus alunos sugiram outras formas de incrementar a brincadeira, neste caso você precisa avaliar a pertinência e a possível aplicação das sugestões.

3ª Atividade: Bilhete para as famílias.
Organize os alunos de forma individual.

Envie um bilhete para casa relatando a atividade com o jogo "Terra-mar" e solicite aos adultos e responsáveis dicas de brincadeiras que eles conheçam da época em que eram crianças, convidando-os para irem à escola ensiná-las à turma na Aula 3, quando esse conteúdo será trabalhado com a turma.

AULA 2 – Como são nossas brincadeiras e como eram as brincadeiras de antigamente?
Duração: 1h40

1ª Atividade: Discussão coletiva com levantamento de hipóteses.
Organize os alunos de forma coletiva.

Retome com seus alunos a brincadeira "Terra-mar", realizada na aula anterior. Comente com eles que essa é uma brincadeira comum entre as crianças da África. Será que lá na África elas brincam só disso? E nós, do que brincamos? Pergunte às crianças do que elas gostam de brincar e qual a brincadeira preferida de cada um. Pergunte também se eles sabem do que seus pais, avós e demais familiares brincavam quando eram crianças; será que das mesmas coisas que eles brincam hoje? Pergunte aos alunos se eles imaginam alguma brincadeira igual e o que eles acreditam que seja diferente. Inclua outras questões que julgar pertinentes a partir das repostas obtidas pela turma.

Na lousa, faça o registro das discussões entre os alunos e das hipóteses levantadas.

Observação: Deixe o registro na lousa para que os alunos consultem durante a realização da segunda atividade proposta nessa aula. Enquanto eles produzem desenhos e colagens, anote em um papel grande – usando canetas grossas – o que está no quadro e fixe no mural da sala de aula. Esse registro será retomado na Aula 4.

2ª Atividade: Vamos ilustrar o que contamos.
Organize os alunos de forma individual.

Releia para a turma a lista que está na lousa e peça aos alunos que ilustrem, com desenhos e colagens, as brincadeiras que eles contaram que mais gostam. Incentive-os a incluírem eles mesmos e os colegas no desenho, brincando juntos. Motive-os a registrar por escrito o nome da brincadeira e o nome do autor do trabalho. Distribua os papéis sulfite – um para cada aluno – e organize os retalhos de papel num local de fácil acesso para aqueles que desejarem utilizá-los na ilustração.

Com as ilustrações prontas, organize a turma para que fixem o trabalho ao redor do papel grande, onde você anotou as discussões do dia. Esse trabalho ficará afixado no mural para ser retomado na Aula 4.

AULA 3 – Vamos aprender brincadeiras de antigamente!
Duração: 1h40

Organize os alunos de forma coletiva e prepare-os para receber os familiares que irão contar e ensinar as brincadeiras de antigamente. Organize-os para ouvir os relatos e para realizarem as brincadeiras juntamente com os adultos que vieram à escola. Registre – ou peça ajuda para alguém registrar – essa aula em fotografias e/ou vídeos.

AULA 4 – Semelhanças e diferenças.
Duração: 1h40

1ª Atividade: Ampliando nossas descobertas.
Organize os alunos de forma coletiva.
Retome oralmente com a turma as atividades realizadas quando receberam a visita dos adultos para ensinarem as brincadeiras de antigamente. Apresente o mural com os registros que fizeram na Aula 2, faça uma leitura em voz alta do conteúdo e questione a turma com perguntas como: as pessoas antigamente brincavam das mesmas coisas que vocês brincam hoje? O que vocês descobriram? O que era igual? O que era diferente? O que vocês aprenderam sobre o modo de brincar quando seus familiares eram crianças?
Anote os comentários da turma com as novas descobertas dividindo a lousa em duas partes. Em uma indique o título "Parecido" e na outra parte, "Diferente". Enfatize as semelhanças e diferenças entre as brincadeiras atuais e as de outras épocas e/ou lugares. Privilegie o registro em tópicos para facilitar a identificação de cada ponto que consideraram importante e também para que seus alunos interajam com essa forma de anotação. Durante todo o processo de alfabetização é importante que os alunos tenham oportunidades variadas de contato e produção com gêneros textuais diferentes, adequados para cada situação comunicativa.

2ª Atividade: Confecção dos cartazes.
Organize os alunos em duplas.
Entregue uma cartolina para cada dupla – já com o traço no sentido da largura,

dividindo-a em duas partes iguais. Oriente os alunos a registrarem o título de cada lado da cartolina com as palavras PARECIDO e DIFERENTE. Peça que ilustrem o que descobriram durante os debates, consultando os registros que estão na lousa – auxilie as duplas no momento da leitura, caso necessário. Com os cartazes prontos, contendo os nomes dos autores do trabalho, afixe-os no mural.

ATIVIDADES COMPLEMENTARES

1. No site do IBGE existem mapas interativos onde os alunos podem visualizar os diferentes continentes. Para conhecimento das crianças, comente um pouco sobre cada continente.

2. Monte um painel com as fotografias registradas durante as atividades do dia da visita dos familiares na escola e organize uma exposição para apreciação de todos, inclusive das próprias famílias no momento de reunião de pais, de festa ou de alguma apresentação cultural (tal como uma Feira de Ciências, por exemplo). A montagem do painel é um ótimo momento para ampliar as atividades referentes ao processo de alfabetização dos seus alunos, que podem elaborar o título e as legendas das imagens.

3. Promova uma apresentação das duplas para que todos da classe vejam os cartazes produzidos na Aula 4. É importante que cada dupla tenha a oportunidade de expor e explicar seu trabalho para os demais, além de ouvir os relatos das outras duplas.

4. Consulte outros jogos Infantis Africanos e Afro-brasileiros – selecionando os mais apropriados para a sua turma – e conte em qual país da África o jogo sugerido teve origem. Depois, proponha que brinquem juntos.

AFERIÇÃO DE APRENDIZAGEM

Nessa etapa das conquistas das aprendizagens de seus alunos, é muito importante priorizar a avaliação processual, que ocorre de forma contínua. Os registros escritos e organizados por você são a forma mais segura e sistemática tanto para o acompanhamento do processo, quanto para a realização de ajustes nos procedimentos de seu trabalho

Nesta sequência didática seus alunos foram chamados para diversas ações, tais como: brincar, interagir com um mapa, falar e ouvir, fazer perguntas, levantar hipóteses, rever e ajustar as hipóteses iniciais, fazer registros orais, escritos e também através de ilustrações, reconhecer semelhanças e diferenças, montar painéis, trabalho em duplas, etc. Trata-se de uma gama de possibilidades no processo de aprendizagem dos alunos, relacionadas às ações que essa sequência didática provoca.

Verifique os conhecimentos adquiridos e, inclusive, como se alteraram os conhecimentos prévios, considerando os registros das discussões que realizaram ao longo das atividades propostas até aqui.

Mas você, professor, sabe que não para por aí: seus alunos também podem ser avaliados quanto às conquistas e aprendizagens procedimentais vinculadas às atitudes que desenvolveram e ampliaram durante todos os processos que cercaram os vários trabalhos. Essas ações requerem sempre a necessidade de vivências, de momentos concretos, para exercitarem a capacidade de atuação como sujeitos responsáveis, solidários e participativos. Vale ainda destacar que seu papel no processo de avaliação é fundamental, já que cabe ao professor o procedimento investigativo do trabalho pedagógico. É você quem intermedia as atividades, instiga a turma e a cada aluno; é você quem faz as perguntas desafiadoras, ouve e acolhe as respostas, reposiciona novas questões, analisa o que sabem a partir de agora e compara com os conhecimentos anteriores, considerando – nesse contexto – todos os avanços coletivos e individuais. Procure registrar os domínios de seus alunos no que se refere ao conhecimento especificamente trabalhado: a identificação de semelhanças e diferenças entre jogos e brincadeiras atuais e de outras épocas e lugares.

Você também poderá propor aos alunos uma autoavaliação. Adapte a lista abaixo e discuta com a sua turma:

• Como foi a minha participação nas atividades?
• Fui capaz de falar no momento correto?
• Consegui ouvir meus colegas?
• Eu e meu parceiro de dupla fizemos um bom trabalho?
• O que aprendi sobre as brincadeiras de antigamente e de hoje?
• O que é parecido e o que é diferente entre as minhas brincadeiras e as dos meus avós, por exemplo?

SEQUÊNCIA DIDÁTICA — 2° ano do Ensino Fundamental (História)
Elaborado por Sonelise Cizoto e Natanael dos Santos

TÍTULO DA SEQUÊNCIA DIDÁTICA: Nossa coleção de histórias.

A Base Nacional Comum Curricular (BNCC) apresenta para o 2º ano do Ensino Fundamental a Unidade Temática 2 – "As formas de registrar as experiências da comunidade". Acompanhe no quadro a seleção dos objetos do conhecimento e das habilidades a serem trabalhadas nesta sequência didática, que tem duração de 3 aulas – lançamento de atividades que vão atravessar todo o ano letivo.

OBJETIVOS DE APRENDIZAGEM	
Objetos de conhecimento	**Habilidades**
As fontes: relatos orais, objetos, imagens (pinturas, fotografias, vídeos), música e escrita.	**(EF02HI08)** – Compilar histórias da família e de conhecidos, registradas em diferentes fontes; **(EF02HI08)** – Identificar objetos e documentos que remetam à própria experiência – ou a da família – e discutir as razões pelas quais alguns objetos são preservados e outros são descartados.

Outros objetivos:

• Propiciar a participação da família e a valorização das histórias da criança;
• Intensificar o vínculo escola-família;
• Discutir o que pode compor as memórias individuais e de um grupo;
• Valorizar as diferentes histórias, reconhecendo diferenças e semelhanças;
• Vivenciar atividades nas quais esteja envolvida a ação do respeito pelas mais diferentes origens e histórias dos colegas;
• Desenvolver atitudes de valorização e respeito às pessoas negras, à sua descendência africana, à sua cultura e à sua história;
• Conhecer a arte rupestre da África a partir da contação de história;
• Reconhecer a si próprio como produtor de histórias e de imagens;

INTRODUÇÃO

Apenas quem questiona, observa, investiga, interage e descobre, tem a chance de conhecer com muito mais propriedade. Esse novo conhecimento, cheio de significado, atinge outro patamar: agora passa também a ser importante. E a proposta desta sequência didática está justamente na importância e no valor para incremento do reconhecimento das formas de construção das histórias de cada aluno e, inclusive, do reconhecimento de tantas e tantas outras diferentes histórias que compõem as vidas daqueles que estão ao seu redor.

É com esse grande leque – do resgate de histórias preservadas, registradas e contadas – que os alunos poderão ampliar o conhecimento e a compreensão sobre a história dos afrodescendentes e da África, desenvolvendo atitudes de valorização e respeito às pessoas negras, à sua descendência africana, à sua cultura e à sua trajetória história. Essa é a forma concreta de lutarmos contra o processo de exclusão social e contra a incorporação do preconceito, a partir de ações afirmativas que valorizam a diversidade cultural de todas as crianças, incluindo a criança negra.

RECURSOS E MATERIAIS NECESSÁRIOS

Como suporte, o professor pode utilizar a referência do livro **Trajetórias do Africano no Espaço Geográfico Brasileiro**, localizada nas páginas 17 a 29 (Unidade 2 – Identidade Racial) e 55 a 62, que compreendem os tópicos a seguir:

• A cultura africana no cotidiano brasileiro;
• O racismo;
• Racismo é crime inafiançável e imprescritível.

Ainda para seu conhecimento, leia o trecho abaixo que contextualiza a arte rupestre:

> A arte rupestre é reconhecida como uma das mais antigas manifestações estéticas do homem ao longo de toda sua história. O termo rupestre vem do francês e significa "gravação" ou "traçado", fazendo referência direta às técnicas empregadas nas pinturas que representam esse tipo de expressão artística. Encontrada geralmente nas paredes das cavernas e em pequenas esculturas, a arte rupestre tem grande importância na busca de informações sobre o cotidiano do homem pré-histórico. Atualmente, algumas estatísticas indicam a existência de aproximadamente 400 mil sítios arqueológicos com arte rupestre ao redor de todo o mundo. A África, principalmente nas regiões sul e do Deserto do Saara, concentra a maior quantidade de pinturas e gravuras desse tipo. No Brasil, a arte rupestre é abundante nos sítios arqueológicos encontrados na região do Parque Nacional da Serra da Capivara, onde está o grande sítio de São Raimundo Nonato, localizado no estado do Piauí. (SOUSA, Rainer Gonçalves. A arte rupestre. Mundo Educação: Pré-história. Disponível em: http://mundoeducacao.bol.uol.com.br/historiageral/a-arte-rupestre.htm. Acessado em 10/11/2017.)

RECURSOS E MATERIAIS ESPECÍFICOS

AULA 1

• Caixa de papelão grande;
• Meia folha de papel sulfite para cada aluno – avalie a área da caixa de papelão a ser coberta e ajuste o tamanho do sulfite, caso seja necessário;
• Materiais para desenho e colagem – para o caso de os alunos desejarem incrementar os desenhos com colagens diversas;
• Cola;
• Equipamento para fotografar;

AULA 2

• Elaboração dos bilhetes a serem enviados às famílias – sobre o baú e sobre o "personagem da semana";
• Caixa de sapatos;
• Materiais diversos para decorar a caixa de sapatos;

- Nomes de todos os alunos em papéis separados para realização de um sorteio;
- Cartolina para confeccionar um cronograma;
- Mural para afixar o cronograma;
- Papel pardo grande – ou papel Kraft;
- Caneta grossa para desenhar no papel pardo – ou papel Kraft;

AULA 3

- Sites com pinturas rupestres para visualização dos alunos – busque por "pintura rupestre África" no *Google Imagens*. Seus alunos poderão visualizar uma grande quantidade de imagens sem a necessidade, nesse momento, de recorrer à textos.
- **Sugestão de site:** https://viciodapoesia.com/2013/06/01/arte-rupestre-pintada-no-sul-de-africa/. Este link, dentre tantos outros, traz as pinturas rupestres que eram feitas a partir de fotos com a visão ampliada do cenário, no qual há uma pedra com as pinturas rupestres.
- **Sugestão de site:** https://africanrockart.org/rock-art-in-africa/maps/?lang=pt. Neste outro link, os alunos encontrarão ótimas imagens e informações sobre a pintura rupestre africana.
- Pinturas rupestres africanas projetadas, acessadas pelo computador ou impressas;
- Uma folha de lixa de parede para cada aluno;
- Giz de cera de cores variadas (principalmente cores claras);
- Mural para afixar os trabalhos;

DESENVOLVIMENTO / ETAPAS

Aula 1 – Baú de Memórias da Turma do 2° ano.
Duração: 1h40

1ª Atividade: O que são memórias?

Organize os alunos de forma coletiva.

Na abertura da aula, mostre aos alunos a caixa que eles vão decorar. Conte que ela será transformada no fantástico **Baú de Memórias da Turma do 2° ano**. Converse com as crianças sobre essas questões – e outras que julgar pertinentes, considerando as respostas que apresentarem: o que são memórias? O que as pessoas podem fazer para registrar suas memórias? Nós guardamos numa caixa de memórias tudo que aconteceu na nossa vida? Por quê?

Auxilie os alunos na compreensão do significado de 'memórias'. Permita que eles manuseiem o dicionário (caso tenha-o na sala de aula), procurando a definição da palavra. Se preferir, leia para eles o significado que apresentamos aqui, extraído de dicionários da internet: *[1] Faculdade de reter ideias, sensações, impressões, adquiridas anteriormente. Efeito da faculdade de lembrar; a própria lembrança. Recordação que a posteridade guarda. [2] Escrito em que alguém conta sua vida ou narra fatos a que assistiu ou de que participou.* Caso sua turma esteja confeccionando um "Dicionário da Turma", oriente-os para que também registrem nele a palavra memórias.

Pergunte aos alunos o que pode ser guardado dentro da caixa de memórias da turma do 2° ano. Estimule-os a reconhecer e indicar os mais variados registros, tais como: desenhos, fotografias, textos, produções coletivas variadas (podem ser construções de sucatas, cartazes, etc.). Explique que não guardamos tudo o que nos aconteceu, mas que selecionamos os eventos mais importantes. Faça-os compreender que os documentos escolhidos para serem guardados devem ser os mais representativos e importantes, que efetivamente contem algo sobre a história da turma.

O volume de documentos e/ou objetos inseridos no baú, que será construído ao longo do ano letivo, pode variar para mais ou para menos, de acordo com o período de realização dessa atividade. Estimule-os a pensar sobre o fato de que quando o baú da turma for encerrado, será fechado com as memórias da turma do segundo ano.

2ª Atividade: Preparando nosso baú de memórias.

Organize os alunos de forma individual.

Distribua a metade de um papel sulfite para cada aluno e avalie se a área externa da caixa comporta as colagens de todos os papéis, fazendo os ajustes necessários no tamanho do papel. É importante que cada aluno tenha seu papel visível na decoração do baú. Peça que registrem no sulfite algo que os identifica, que mostre a todos que aquele pedaço de papel é a sua marca no baú. Chame os alunos um a um e oriente sobre como fazer a colagem.

3ª Atividade: Nosso baú de memórias está pronto!

Organize a turma em círculo e coloque o baú no centro. Permita que as crianças admirem o baú e que reconheçam que a turma do 2° ano é formada pela soma de cada criança que tem seu desenho colado no baú. Combine com a turma que, a partir deste momento, cada um vai se dedicar na seleção dos documentos e objetos que serão colocados dentro da caixa para compor o fantástico **Baú de Memórias da Turma do 2° ano**.

Arranje um local na sala de aula para colocar o baú e registre através de fotografias a turma ao redor dele, organizando o baú no local escolhido da forma que vocês considerarem mais significativa no momento. Essas fotografias também vão compor o baú da turma. E durante o ano letivo, aproveite todos os momentos que julgar pertinentes para pensar com a turma se aquele objeto, documento e/ou registro deve ser guardado no baú.

AULA 2 – O baú de memórias aqui e nas nossas casas.
Duração: 1h40

1ª Atividade: O Baú de Memórias da Turma do 2° ano visitará nossas casas.

Organize os alunos de forma coletiva.

Converse com seus alunos perguntando quais serão os registros e objetos a serem coletados em casa e selecionados para compor o **Baú de Memórias da Turma do 2° ano** – podem ser objetos, textos coletivos, produções diversas, registros fotográficos de atividades desenvolvidas, passeios, etc. – e combine com eles como será o procedimento para fazerem a indicação dos mesmos quando reconhecerem a importância de algum item a ser incorporado no baú.

Acompanhe as ações dos alunos ao longo do ano quanto à organização do baú e lembre-se de que você também deve fazer parte das indicações e sugestões, guiando os alunos nessa aprendizagem.

Explique que o baú também vai visitar as casas deles e comente sobre o que espera que seja feito durante as visitas e que as orientações estarão no recado que levarão para casa. Se preferir, faça um sorteio para indicar a ordem da visita – se julgar conveniente, prepare com a turma um cronograma em cartolina para ser afixado no mural, assim todos poderão acompanhar as datas nas quais o baú irá para cada casa. Depois, entregue para os alunos um bilhete com o cronograma da visita do baú às casas, incluindo o procedimento que você espera, por exemplo: abrir o baú juntamente com a família, observar e conversar sobre os diversos documentos e objetos que já estão lá e, por fim, elaborar um registro (da forma que desejarem) sobre a visita, para inserir o momento no **Baú de Memórias da Turma do 2° ano** antes dele ser trazido de volta à escola.

Conte quais são os objetivos principais desse trabalho para que as famílias possam participar e se envolver, e indique que todos poderão conhecer o conteúdo total do **Baú de Memórias da Turma do 2° ano** no encerramento do ano letivo.

No retorno para a classe (no dia estipulado por você no cronograma), peça que o aluno abra o baú e compartilhe com toda a turma o documento/objeto que a família inseriu lá. Essa atividade vai permear suas aulas por vários dias, até que todos os alunos tenham levado o baú para casa.

2ª Atividade: Personagem da semana.

Organize os alunos de forma coletiva.

Junto com a turma, decore uma caixa de sapatos e converse com eles sobre como farão essa atividade. Ela tem várias etapas e será desenvolvida por várias semanas, até que todos os alunos tenham se apresentado como "o personagem da semana".

O procedimento é o seguinte:

1. Sorteie um aluno da turma por semana para ser o "escolhido". Na véspera, envie um bilhete para a família, pedindo que ajude a criança a separar objetos, brinquedos, fotos, etc., que possam ajudá-la a contar um pouco sobre a história da sua casa, da sua família e das coisas que ela gosta. Peça à criança que traga a caixa de sapatos no dia determinado com os objetos escolhidos para apresentar para a classe.

2. Durante a semana, a criança deve contar um pouco sobre cada item – porquê o escolheu? O que ele representa? – e falar da sua família – de onde ela vem? Quem são? Do que gostam? Para ajudar as crianças mais tímidas, você pode fazer perguntas. Destacamos a necessidade do cuidado quanto ao respeito à diversidade de recursos materiais entre os alunos, de forma a não reforçar estereótipos.

3. Use um papel pardo grande para fazer o contorno do corpo da criança. Ela pode se deitar em cima do papel, enquanto os amigos ajudam a traçar a linha por fora.

4. Pendure o desenho na parede e peça a todos da turma que "recontem" o que ouviram sobre o personagem escolhido. Eles devem falar sobre os objetos que viram e sobre as histórias que foram contadas.

5. Você deve anotar tudo dentro do contorno da criança, que foi desenhado no papel Kraft; posteriormente, fixe o papel na sala de aula. Permita que o personagem da semana, insira seu nome nesse desenho e a data em que o trabalho foi finalizado.

6. Repita o processo com todos os alunos.

7. No final do ano, o resultado deverá ser apresentado para todas as famílias de modo que cada criança tenha a oportunidade de falar sobre seu desenho e as histórias contadas.

8. Nesse momento, aproveite para também contar e expor para as famílias o **Baú de Memórias da Turma do 2° ano**.

AULA 3 – Arte rupestre na África.
Duração: 1h40

1ª Atividade: Conhecendo a arte rupestre africana.

Organize os alunos de forma coletiva caso haja utilização de projeção, ou de forma individual e/ou em duplas no caso de acesso pelo computador.

Escolha algumas imagens de pintura rupestre encontradas nos diversos países africanos, e também no Brasil, para mostrar à turma. Permita que seus alunos visualizem diversos exemplos e faça os seguintes questionamentos:

• Em qual tipo de superfície esses desenhos foram feitos?

• O que é possível observar nos desenhos?

• O que esses desenhos contam?

• Porque será que os povos antigos que viveram na África fizeram esses desenhos?

• Será que no Brasil também existem desenhos assim?

• Nós também podemos contar sobre o que fazemos nos nossos dias usando a arte? Como?

2ª Atividade: Produzindo arte rupestre.

Organize os alunos em duplas.

O trabalho de produção da arte rupestre será feito individualmente, porém, sugerimos que produzam em duplas como forma de compartilhar ideias e materiais, intensificando os vínculos entre os colegas de classe.

Como fazer:

1. Entregue uma folha de lixa para cada aluno;

2. Usando o giz de cera, peça que desenhem uma cena sobre a lixa;

3. Sugira que reproduzam momentos do cotidiano, como brincar no recreio, lanchar, fazer uma roda, dormir, representar a família, etc.;

4. Os desenhos podem ser bem simples e o lápis de cera deve ser pressionado sobre a lixa para dar o efeito de um desenho das cavernas;

5. Depois de terminada a atividade, distribua os trabalhos no mural;

6. Na aula seguinte, organize a turma de forma que todos tenham a oportunidade de mostrar seu desenho. Você pode promover uma pequena mostra dos trabalhos sorteando alguns alunos por dia para que falem sobre seus desenhos, o porquê da escolha da cena representada e o que mais gostaram ao se dedicarem a esse trabalho, por exemplo.

ATIVIDADES COMPLEMENTARES

1. Leia para a turma (diariamente) trechos do livro "Memórias da Emília", com enfoque nos capítulos I e II. Discuta com a turma sobre o tipo de memória que a história se refere e porque quem deveria escrevê-la é Emília, não o Visconde de Sabugosa.

2. Convide os pais, avós, tios e demais familiares dos seus alunos para virem à escola dividir com a turma as influências africanas que eles reconhecem na vida da família e sobre como agem para preservar tais influências.

3. No encerramento do ano, prepare um momento para socializar com os alunos e as famílias, apresentando o **Baú de Memórias da Turma do 2° ano**.

AFERIÇÃO DE APRENDIZAGEM

Nessa etapa das conquistas das aprendizagens de seus alunos, é muito importante priorizar a avaliação processual, que ocorre de forma contínua. Os registros escritos e organizados por você, são a forma mais segura e sistemática tanto para o acompanhamento do processo, quanto para a realização de ajustes nos procedimentos de seu trabalho.

Nesta sequência didática seus alunos foram chamados para diversas ações, tais como: observar e ler mapas, interpretar e interagir com um mapa, falar e ouvir, fazer perguntas, levantar hipóteses, rever e ajustar as hipóteses iniciais, fazer registros orais e escritos, cozinhar, trabalhar em duplas e trios, etc. Trata-se de uma gama de possibilidades no processo de aprendizagem dos alunos, relacionadas às ações que essa sequência didática provoca.

Verifique os conhecimentos adquiridos e, inclusive, como se alteraram os conhecimentos prévios, considerando os registros das discussões que realizaram ao longo das atividades propostas até aqui.

Mas você, professor, sabe que não para por aí: seus alunos também podem ser avaliados quanto às conquistas e aprendizagens procedimentais vinculadas às atitudes que desenvolveram e ampliaram durante todos os processos que cercaram os vários trabalhos. Essas ações requerem sempre a necessidade de vivências, de momentos concretos, para exercitarem a capacidade de atuação como sujeitos responsáveis, solidários e participativos. Vale ainda destacar que seu papel no processo de avaliação é fundamental, já que cabe ao professor o procedimento investigativo do trabalho pedagógico. É você quem intermedia as atividades, instiga a turma e a cada aluno; é você quem faz as perguntas desafiadoras, ouve e acolhe as respostas, reposiciona novas questões, analisa o que sabem agora e compara com os conhecimentos anteriores, considerando – nesse contexto – todos os avanços coletivos e individuais.

Você também poderá propor aos alunos uma autoavaliação. Adapte a lista abaixo e discuta com a sua turma:

- Como foi a minha participação nas atividades?
- Falei nos momentos corretos?
- Consegui ouvir meus colegas?
- O que aprendi sobre a história da minha vida e da minha família?
- O que descobri sobre as histórias dos meus colegas?

SEQUÊNCIA DIDÁTICA — 3° ano do Ensino Fundamental (História)

Elaborado por Sonelise Cizoto e Natanael dos Santos

TÍTULO DA SEQUÊNCIA DIDÁTICA: Nós e a África.

A Base Nacional Comum Curricular (BNCC) apresenta para o 3º ano do Ensino Fundamental a Unidade Temática 1 – "As pessoas e os grupos que compõem a cidade e o município". Acompanhe no quadro a seleção dos objetos do conhecimento e das habilidades a serem trabalhadas nesta sequência didática, que tem duração de 3 aulas.

OBJETIVOS DE APRENDIZAGEM	
Objetos de conhecimento	**Habilidades**
O "eu", o "outro" e os diferentes grupos sociais e étnicos que compõem a cidade: os desafios sociais, culturais e ambientais da cidade em que se vive.	**(EF03HI03)** – Identificar e comparar pontos de vistas em relação a eventos significativos do local em que vive, aspectos relacionados a condições sociais e à presença de diferentes grupos sociais e culturais, com especial destaque para as culturas africanas, indígenas e de migrantes.

Outros objetivos:

• Vivenciar atividades nas quais esteja envolvida a ação do respeito pelas mais diferentes origens e histórias dos diversos grupos sociais;

• Identificar alguns países do continente africano no mapa para elaboração de legendas;

• Conhecer significados de algumas palavras de origem africana, presentes em nosso vocabulário;

INTRODUÇÃO

Ao investigar e descobrir sobre diferentes grupos étnicos que compõem o lugar onde se vive, o aluno tem a oportunidade do contato com variadas formas de produções culturais. Esse contato extrapola o conhecimento distante e abstrato, promovendo a interação do aluno com uma rica diversidade cultural, especialmente no que se refere à cultura africana.

Trata-se de um trabalho com foco na ampliação do conhecimento e a compreensão sobre a história dos afrodescendentes e a história da África, desenvolvendo atitudes de valorização e respeito às pessoas negras, à sua descendência africana, à sua cultura e à sua trajetória histórica. Essa é a forma concreta de lutarmos contra o processo de exclusão social e contra a incorporação do preconceito, a partir de ações afirmativas que valorizam a diversidade cultural de todas as crianças, incluindo a criança negra.

Essa sequência didática atende às exigências da Lei 10.639, que tem por objetivo reconhecer, estudar e valorizar a cultura africana, a história da África e da cultura afro-brasileira.

RECURSOS E MATERIAIS NECESSÁRIOS

Como suporte, o professor pode utilizar a referência do livro **Trajetórias do Africano no Espaço Geográfico Brasileiro**, localizada nas páginas 17 a 29 (Unidade 2 – Identidade Racial) e 55 a 62, que compreendem os tópicos a seguir:
- A cultura africana no cotidiano brasileiro;
- O racismo;
- Racismo é crime inafiançável e imprescritível.

AULA 1
- Projetor;
- Letra da música África – Palavra Cantada;
- Vídeo da música África – Palavra Cantada;
- Você pode baixar a música aqui: http://www.krafta-musicas.cc/playlist/palavra-cantada-africa.

AULA 2
- Data show ou planisfério;
- Mapa da África com os nomes dos países escritos em CAIXA ALTA (há uma referência na página 20 do livro **Trajetórias do Africano no Espaço Geográfico Brasileiro**). Você pode encontrar esses mapas, inclusive em versões para colorir nos links abaixo:
    - o http://www.baixarmapas.com.br/mapa-da-africa/;
    - o http://neusapereira.zip.net/images/MAPA.JPG;
- Uma cópia do mapa da África para cada dupla de alunos;
- Materiais diversos para pintura (sete cores diferentes de lápis de cor) e/ou materiais para colagens, tais como: folhas coloridas de papel de seda ou sementes variadas;
- Cola;
- Mural para afixar os trabalhos.

AULA 3
- Livro "Memória das Palavras" – cada trio vai precisar consultar este conteúdo;
- Caixa de papelão ou de sapato encapada;
- Palavras previamente selecionadas do livro "Memórias das Palavras", escritas em papéis individuais para serem sorteadas pelos alunos – inserir as palavras dentro da caixa surpresa, que deve conter uma palavra por aluno;
- Uma folha de cartolina para cada trio de alunos;
- Materiais diversos para escrever, desenhar e pintar na cartolina;
- Mural para afixar os trabalhos depois de finalizados;

DESENVOLVIMENTO / ETAPAS

AULA 1 – Música África (Palavra Cantada).
Duração: 1h40

1ª Atividade: Vamos conhecer e aprender uma nova música?

Organize os alunos de forma coletiva.

Inicie a aula com a apresentação da letra da música **África**, do grupo *Palavra Cantada*, utilizando uma projeção (com data show ou projetor). Depois, peça que cada aluno leia um trecho da música. Converse com eles sobre palavras pontuais pelas quais demonstrem interesse, ou as palavras que você avalie com bom domínio de compreensão. Nesse momento não é necessário que compreendam toda a letra, mas que você estimule a ludicidade que a música pode provocar ao ser lida de forma ritmada, ao ser cantada ou dançada.

Com a leitura finalizada, exiba o vídeo da música. Incentive seus alunos a cantarem e dançarem. Após a execução da música, proponha a ampliação da conversa já iniciada com os alunos e promova uma discussão sobre ela: quem já conhecia essa música? O que a música nos conta? O que vocês sabem sobre a África ou sobre o povo africano? Quem sabe os nomes dos países africanos que estão na letra dessa música? Alguém pode nos contar sobre uma contribuição do povo africano para o povo brasileiro?

África
Palavra Cantada
Quem não sabe onde é o Sudão
Saberá
A Nigéria o Gabão
Ruanda
Quem não sabe onde fica o Senegal
A Tanzânia e a Namíbia
Guiné Bissau?
Todo o povo do Japão
Saberá
De onde veio o
Leão de Judá
Alemanha e Canadá
Saberão
Toda a gente da Bahia

Sabe já

De onde vem a melodia

Do ijexá

O sol nasce todo dia

Vem de lá

Entre o Oriente e ocidente

Onde fica?

Qual a origem de gente?

Onde fica?

África fica no meio do mapa do mundo do

Atlas da vida

Áfricas ficam na África que fica lá e aqui

África ficará

Basta atravessar o mar

Pra chegar

Onde cresce o Baobá

Pra saber

Da floresta de Oxalá

E malê

Do deserto de alah

Do ilê

Banto mulçumana magô

Yorubá

AULA 2 – Onde fica a África? Vamos identificar alguns países africanos?
Duração: 1h40

1ª Atividade: Planisfério e mapa da África.

Organize os alunos de forma coletiva.

Utilizando um data show ou o planisfério, mostre o mapa do mundo para a turma. Solicite que identifiquem a localização do continente africano. Nesse momento, é importante relembrar o conceito de continente e salientar o nome de outros: Americano, Europeu, Asiático e Oceania. Após a visualização do planisfério, apresente o mapa político do continente africano.

2ª Atividade: Identificando alguns países da África com elaboração de legenda.

Organize os alunos em duplas.

Com as duplas formadas, distribua cópias dos mapas da África e solicite que os alunos identifiquem os países mencionados na música **África**, do grupo *Palavra Cantada*. Oriente-os e peça que selecionem sete cores para pintar o mapa e compor as legendas. As crianças devem pintar os seguintes países: **Senegal**, **Nigéria**, **Gabão**, **Sudão do Sul**, **Tanzânia**, **Namíbia** e a **Guiné-Bissau**. Você pode sugerir outras formas de compor o mapa, com colagens, por exemplo. Neste caso, os alunos podem fazer várias pequenas bolinhas de papel de seda colorido para colar dentro de cada país ou, ainda, usar sementes diversas para a colagem.

Organize um mural para afixar os mapas das duplas e peça que a turma indique um título para o mural. Permita que todos possam observar e admirar o resultado dos trabalhos produzidos na atividade.

AULA 3 – As palavras que herdamos da África.
Duração: 1h40

1ª Atividade: A memória das palavras.

Organize os alunos de forma coletiva.

Inicie a aula lendo o texto escrito por Rogério Andrade Barbosa, extraído do livro "Memória das Palavras".

> O Brasil é a nação que tem a segunda maior população negra do planeta. País multicultural, traz a marca indelével dos africanos e de seus descendentes em sua formação. Em nosso vocabulário, muitas das palavras usadas no dia-a-dia têm origem nos falares herdados da mãe-África, procedentes de diferentes grupos étnico-linguísticos, como os iorubás e, especialmente, os povos bantos. Pois não existe apenas uma, mas várias Áfricas, espalhadas num vasto continente, composto, hoje, de 53 países. Segundo um provérbio da Guiné-Bissau: 'A orelha vai a escola todos os dias.' Basta, portanto, ter ouvidos e sensibilidade para perceber essas influências. Algumas palavras conservam seu sentido original, e muitas outras, dependendo da região e das comunidades, ganharam novos significados. Como a língua é uma expressão viva de cultura, ela é dinâmica. E outros vocábulos poderão surgir. (FUNDAÇÃO ROBERTO MARINHO. A cor da cultura – Saberes e Fazeres – Modos de Ver. 1ª Edição. Rio de Janeiro: 2006, p. 6. Disponível em: http://www.acordacultura.org.br/sites/default/files/kit/Memoria_MEC.pdf. Acessado em 10/11/2017.)

Converse com as crianças sobre o texto que você leu. Permita que elas discutam sobre a compreensão do conteúdo do texto. Convide os alunos a investigar mais sobre as palavras referenciadas no texto e apresente a caixa surpresa. Dentro dela devem estar vários papéis com palavras previamente selecionadas por você a partir da obra indicada.

Oriente a atividade e a execute com a turma:
1. Posicione os alunos em círculo;

2. Cada aluno deve retirar uma palavra da caixa surpresa, lendo-a sem mostrar aos colegas;

3. Depois que todos retirarem sua palavra, cada um vai ler a sua em voz alta para toda a turma, sugerindo o que ela pode significar. Neste momento, permita que seus alunos usem a criatividade e não os induza a "acertar" o significado, mas sim imaginar que pode ser;

4. Anote na lousa as definições apresentadas pelos alunos.

2ª Atividade: Investigando os significados.

Organize os alunos em trios.

Cada trio deve consultar o livro "Memória das Palavras" para, então, procurar as palavras que cada aluno recebeu no sorteio. Peça aos alunos que registrem e ilustrem as palavras na folha de cartolina.

Com os cartazes finalizados, cada trio deve ser convidado a apresentar seus trabalhos para a classe, comparando os registros da cartolina com os da lousa, onde estão a primeira hipótese levantada por eles sobre o significado das palavras.

Por fim, oriente os trios para afixarem a cartolina no mural da classe.

ATIVIDADES COMPLEMENTARES

1. Estimule seus alunos para que possam pesquisar mais sobre os países apresentados na música **África**: **Senegal**, **Nigéria**, **Gabão**, **Sudão do Sul**, **Tanzânia**, **Namíbia** e a **Guiné-Bissau**. Como sugestão, peça que eles pesquisem os costumes, vestuário, culinária e o que esses países possuem em comum com o Brasil.

2. Convide os pais, avós, tios e demais familiares dos seus alunos para virem à escola e contar para a turma quais são as influências africanas que eles reconhecem na vida da família e como agem para preservá-las.

3. Elabore um dicionário coletivo da turma com registros de palavras de origem africana que estão presentes na nossa língua a partir de ilustrações.

4. Elabore panfletos (*folders*) sobre a influência da cultura negra que os alunos tenham reconhecido e identificado em suas famílias. Cuide para que esses panfletos sejam divulgados e/ou distribuídos.

AFERIÇÃO DE APRENDIZAGEM

Nessa etapa das conquistas das aprendizagens de seus alunos, é muito importante priorizar a avaliação processual, que ocorre de forma contínua. Os registros escritos e organizados por você, são a forma mais segura e sistemática tanto para o acompanhamento do processo, quanto para a realização de ajustes nos procedimentos de seu trabalho.

Nesta sequência didática seus alunos foram chamados para diversas ações, tais como: cantar, dançar, interagir com um mapa, falar e ouvir, fazer perguntas, levantar hipóteses, rever e ajustar as hipóteses iniciais, fazer registros orais, escritos e através de ilustrações, reconhecer semelhanças e diferenças, montar painéis, trabalhar em duplas, etc. Trata-se de uma gama de possibilidades no processo de aprendizagem dos alunos, relacionadas às ações que essa sequência didática provoca.

Verifique os conhecimentos adquiridos e, inclusive, como se alteraram os conhecimentos prévios, considerando os registros das discussões que realizaram ao longo das atividades propostas até aqui.

Mas você, professor, sabe que não para por aí: seus alunos também podem ser avaliados quanto às conquistas e aprendizagens procedimentais vinculadas às atitudes que desenvolveram e ampliaram durante todos os processos que cercaram os vários trabalhos. Essas ações requerem sempre a necessidade de vivências, de momentos concretos, para exercitarem a capacidade de atuação como sujeitos responsáveis, solidários e participativos. Vale ainda destacar que seu papel no processo de avaliação é fundamental, já que cabe ao professor o procedimento investigativo do trabalho pedagógico. É você quem intermedia as atividades, instiga a turma e a cada aluno; é você quem faz as perguntas desafiadoras, ouve e acolhe as respostas, reposiciona novas questões, analisa o que sabem agora e compara com os conhecimentos anteriores, considerando – nesse contexto – todos os avanços coletivos e individuais.

Você também poderá propor aos alunos uma autoavaliação. Adapte a lista abaixo e discuta com a sua turma:

- Como foi a minha participação nas atividades?
- Falei nos momentos corretos?
- Consegui ouvir meus colegas?
- O que aprendi sobre a África?
- O que descobri sobre as palavras que herdamos dos africanos?

SEQUÊNCIA DIDÁTICA — 4° ano do Ensino Fundamental (História)

Elaborado por Sonelise Cizoto e Natanael dos Santos

TÍTULO DA SEQUÊNCIA DIDÁTICA: A África contribuindo para formar o Brasil.

A Base Nacional Comum Curricular (BNCC) apresenta para o 4° ano do Ensino Fundamental a Unidade Temática 3 – "As questões históricas relativas às migrações". Acompanhe no quadro a seleção dos objetos do conhecimento e das habilidades a serem trabalhadas nesta sequência didática, que tem duração de 3 aulas.

OBJETIVOS DE APRENDIZAGEM	
Objetos de conhecimento	**Habilidades**
Os processos migratórios para a formação do Brasil: os grupos indígenas, a presença portuguesa e a diáspora forçada dos africanos.	**(EF04HI10)** – Analisar diferentes fluxos populacionais e suas contribuições para a formação da sociedade brasileira; **(EF04HI10)** – Identificar (em seus lugares de vivência e nas histórias de sua família) elementos de culturas distintas (europeia, afro-brasileira, latino-americana, indígena, cigana, mestiça, etc.), valorizando o que é próprio em cada uma delas e sua contribuição para a formação da cultura local e brasileira.

INTRODUÇÃO

Ao investigar e descobrir sobre diferentes grupos étnicos que compõem o lugar onde se vive, o aluno tem a oportunidade do contato com variadas formas de produções culturais. Esse contato extrapola o conhecimento distante e abstrato, promovendo a interação do aluno com uma rica diversidade cultural, especialmente no que se refere à cultura africana.

Trata-se de um trabalho com foco na ampliação do conhecimento e a compreensão sobre a história dos afrodescendentes e a história da África, desenvolvendo atitudes de valorização e respeito às pessoas negras, à sua descendência africana, à sua cultura e à sua trajetória histórica. Essa é a forma concreta de lutarmos contra o processo de exclusão social e contra a incorporação do preconceito, a partir de ações afirmativas que valorizam a diversidade cultural de todas as crianças, incluindo a criança negra.

Essa sequência didática atende às exigências da Lei 10.639, que tem por objetivo reconhecer, estudar e valorizar a cultura africana, a história da África e da cultura afro-brasileira.

RECURSOS E MATERIAIS NECESSÁRIOS

Como suporte, o professor pode utilizar a referência do livro **Trajetórias do Africano no Espaço Geográfico Brasileiro**, localizada nas páginas 17 a 29 (Unidade 2 – Identidade Racial) e 55 a 62, que compreendem os tópicos a seguir:
- A cultura africana no cotidiano brasileiro;
- O racismo;
- Racismo é crime inafiançável e imprescritível.

AULA 1
    • Cópias do texto "Você conhece a África?" – ou leitura em computador com acesso à internet, ou ainda leitura coletiva a partir da projeção do texto;
    • Planisfério;
    • Materiais para registro das descobertas dessa aula – papéis diversos, folha de sulfite, caderno do aluno, cartolina, etc.

AULA 2
    • Mapa da diáspora africana;
    • Computador com acesso à internet para uso individual dos alunos – ou projeção em data show.

AULA 3
    • Ingredientes para preparar cuscuz:
        o ½ kg de açúcar
        o ½ kg de tapioca
        o 1 coco ralado
        o 1 colher (chá) de sal
        o Leite de coco
        o 1 litro de leite
        o Cozinha e utensílios da escola: geladeira, panela, colher de pau, tigela grande, forma, pratinhos individuais para servir.

DESENVOLVIMENTO / ETAPAS

AULA 1 – Você conhece a África?
Duração: 1h40

1ª Atividade: Planisfério e mapa da África.
    Organize os alunos de forma coletiva.
    Disponibilize aos alunos o texto "Você conhece a África?" – indicamos uma leitura coletiva. Você poderá encaminhar as discussões pós-leitura a partir de questões, como: a África é um país ou um continente? Como podemos confirmar nossa hipótese? O que reconhecemos como cultura africana na nossa vida? Vamos descobrir mais?

2ª Atividade: A África é um continente ou um país?
    Organize os alunos de forma individual ou em duplas – dependendo da quantidade de computadores disponíveis, com acesso à internet. Auxilie-os a fazer uma bus-

ca com a pergunta que embasa essa aula – de preferência, no site do IBGE (indicado na seção de recursos), uma vez que a pesquisa se trata de um mapa interativo.

Socialize as descobertas das duplas e oriente a conclusão da classe na resposta às questões: a África é um continente ou um país? Conhecemos países do continente africano? Quais?

3ª Atividade: Nossos registros.

Organize os alunos em duplas.

Distribua papéis (dos tipos que julgar pertinente) para os registros. As duplas poderão anotar suas descobertas e ilustrar o que aprenderam nesta aula no caderno, em folhas de sulfite, cartolinas, ou outro tipo de papel.

Estimule-os a registrar tudo o que foi mais significativo em relação às descobertas. Se possível, compartilhe os registros de cada dupla com toda a turma.

AULA 2 – Diáspora africana.
Duração: 1h40

1ª Atividade: Os africanos ajudaram a formar o Brasil?

Organize os alunos de forma coletiva e posicione-os em círculo.

A conversa inicial é o momento no qual os alunos poderão expor seus conhecimentos prévios, o que já sabem sobre o assunto. Inicie a aula lançando uma discussão com a turma a partir de perguntas, como: os africanos contribuíram para a formação do Brasil? De que forma? De quais regiões da África eles vieram? Para quais regiões eles foram? Por que os africanos vieram para cá?

Recolha as respostas e anote na lousa os tópicos apontados pelas crianças.

2ª Atividade: Análise do mapa da diáspora africana.

Organize os alunos em duplas.

Disponibilize um mapa da diáspora africana para cada dupla. Permita que os alunos conversem e troquem ideias sobre a interpretação que podem fazer sobre o mapa.

Oriente-os à análise do mapa e, depois, peça que respondam o que ele (o mapa) nos conta.

3ª Atividade: Compartilhando a interpretação do mapa da diáspora africana.

Organize os alunos coletivamente para apresentação das duplas.

Sorteie uma dupla por vez para que apresente à turma sua interpretação do mapa. Permita que todos se apresentem, incentive e apoie os mais tímidos para que também falem.

Depois que todas as duplas se apresentarem, proponha uma releitura dos tópicos anotados na lousa (primeira atividade realizada na aula), fazendo ajustes no que julgar pertinente. Essa é uma forma de os alunos reorganizarem os conhecimentos a partir do que foi aprendido no decorrer da aula.

Finalmente, lance a pergunta: o que significa 'diáspora'? Depois de ouvir algumas respostas, convide-os para ouvir a definição correta e discuta com eles porque ela se aplica aos africanos.

> Diáspora é a dispersão de um povo em consequência de preconceito ou perseguição política, religiosa ou étnica. A diáspora africana, também conhecida como Diáspora Negra consistiu no fenômeno histórico e sociocultural que ocorreu muito em função da escravatura, quando indivíduos africanos eram forçosamente transportados para outros países para trabalharem. (SIGNIFICADOS. O que é a diáspora. Disponível em: https://www.significados.com.br/diaspora/. Acessado em 10/11/2017.)

AULA 3 – África e Brasil juntos na nossa cozinha!
Duração: 1h40

Organize os alunos de forma coletiva e conduza-os para a cozinha da escola.

Converse com sua turma sobre as típicas culinárias africana e brasileira. Conte sobre os temperos e hábitos, sobre as comidas que surgiram a partir dessas culturas – como feijoada e a moqueca – e sobre a presença da mandioca na culinária africana e brasileira. Explique que essa raiz foi levada pelos portugueses e passou a ser de grande importância na culinária de países africanos de língua portuguesa.

Prepare um delicioso cuscuz com a turma e diga a eles que se trata de um dos principais pratos típicos das culinárias africana e brasileira. Recomendamos que você tenha ajuda de mais um adulto para realizar essa atividade com a turma.

Você pode registrar com a turma a receita desse prato antes do preparo. Avalie se a receita precisará ser dobrada, considerando a quantidade de alunos.

Cuscuz – Ingredientes:
½ kg de açúcar
½ kg de tapioca
1 coco ralado
1 colher (chá) de sal
Leite de coco
1 litro de leite

Modo de Preparo: Misture tudo, menos o leite e o leite de coco. Sobre esta mistura, derrame 1 litro de leite fervendo. **Atenção:** apenas o professor deve realizar esta etapa, solicitando que os alunos fiquem afastados da mesa. Mexa vagarosamente, durante 10 minutos. Despeje em fôrma molhada. Leve à geladeira ou deixe esfriar. Quando for servir, retire da forma, regue com leite de coco e corte em fatias.

Depois que todos saborearem o prato, lance um desafio para a turma: investigar em suas casas, nas histórias familiares, se existem pratos da culinária africana presentes na rotina da família.

ATIVIDADES COMPLEMENTARES

1. Convide os familiares das crianças para irem à escola preparar um prato da culinária africana em conjunto com os alunos.

2. Faça uma pesquisa na cidade sobre os aspectos abaixo:

a) Levantamento de personalidades negras falecidas para montagem de uma biografia;

b) Levantamento de personalidades negras vivas, que possam ser entrevistadas para montagem de uma biografia. Pode-se fazer o levantamento e depois dividir a turma em grupos para que realizem as entrevistas.

c) Pesquisar se na cidade existem ruas, monumentos, escolas, bibliotecas, etc., com nomes de personalidades negras;

No final, convide o entrevistado para conversar com a turma toda.

AFERIÇÃO DE APRENDIZAGEM

Nessa etapa das conquistas das aprendizagens de seus alunos, é muito importante priorizar a avaliação processual, que ocorre de forma contínua. Os registros escritos e organizados por você, são a forma mais segura e sistemática tanto para o acompanhamento do processo, quanto para a realização de ajustes nos procedimentos de seu trabalho.

Nesta sequência didática seus alunos foram chamados para diversas ações, tais como: cantar, dançar, interagir com um mapa, falar e ouvir, fazer perguntas, levantar hipóteses, rever e ajustar as hipóteses iniciais, fazer registros orais, escritos e através de ilustrações, reconhecer semelhanças e diferenças, montar painéis, trabalhar em duplas, etc. Trata-se de uma gama de possibilidades no processo de aprendizagem dos alunos, relacionadas às ações que essa sequência didática provoca.

Verifique os conhecimentos adquiridos e, inclusive, como se alteraram os conhecimentos prévios, considerando os registros das discussões que realizaram ao longo das atividades propostas até aqui.

Mas você, professor, sabe que não para por aí: seus alunos também podem ser avaliados quanto às conquistas e aprendizagens procedimentais vinculadas às atitudes que desenvolveram e ampliaram durante todos os processos que cercaram os vários trabalhos. Essas ações requerem sempre a necessidade de vivências, de momentos concretos, para exercitarem a capacidade de atuação como sujeitos responsáveis, solidários e participativos. Vale ainda destacar que seu papel no processo de avaliação é fundamental, já que cabe ao professor o procedimento investigativo do trabalho pedagógico. É você quem intermedia as atividades, instiga a turma e a cada aluno; é você quem faz as perguntas desafiadoras, ouve e acolhe as respostas, reposiciona novas questões, analisa o que sabem agora e compara com os conhecimentos anteriores, considerando – nesse contexto – todos os avanços coletivos e individuais.

Você também poderá propor aos alunos uma autoavaliação. Adapte a lista abaixo e discuta com a sua turma:

- Como foi a minha participação nas atividades?
- Trabalhei bem de forma individual? E nos grupos?
- Consegui ouvir meus colegas?
- O que aprendi sobre a África?
- O que descobri sobre a diáspora africana?
- O que sei sobre a influência da culinária africana no Brasil?

SEQUÊNCIA DIDÁTICA — 5º ano do Ensino Fundamental (História)

Elaborado por Sonelise Cizoto e Natanael dos Santos

TÍTULO DA SEQUÊNCIA DIDÁTICA: Somos diversos, plurais e múltiplos!

A Base Nacional Comum Curricular (BNCC) apresenta a Unidade Temática 1: "Povos e culturas: meu lugar no mundo e meu grupo social" para o 5º ano do Ensino Fundamental. Acompanhe no quadro a seleção dos objetos do conhecimento e das habilidades a serem trabalhadas nesta sequência didática, que tem duração de 3 aulas.

OBJETIVOS DE APRENDIZAGEM	
Objetos de conhecimento	Habilidades
Cidadania, diversidade cultural e respeito às diferenças sociais, culturais e históricas.	(EF05HI04) – Associar a noção de cidadania com os princípios de respeito à diversidade e à pluralidade. (EF05HI05) – Associar o conceito de cidadania à conquista de direitos dos povos e das sociedades, compreendendo-o como conquista histórica.

INTRODUÇÃO

Todo conhecimento sobre o passado é também um conhecimento do presente, composto por vários sujeitos revestidos de histórias particulares. Ao entrar em contato com esses conhecimentos, o aluno terá a oportunidade de ampliar sua noção sobre a história, compreender que ela segue sendo construída, que jamais está acabada e que se compõe com as marcas e conquistas de cada povo.

O objetivo aqui é, principalmente, utilizar o corpo – que é um dos mais notáveis espaços de representação e expressão de uma cultura. Quando o aluno pode reconhecer que também faz parte desse processo e que a cidadania, a diversidade e a pluralidade o integram – assim como integra a sociedade na qual está inserido – e que lutar pela cidadania, pelos mais elevados princípios de respeito às diferenças sociais, culturais e históricas é o que vai consolidá-lo nos valores democráticos e justos, alcançamos o que tanto ansiamos ver concretizados na nossa sociedade.

Essa unidade pretende contribuir de modo efetivo para uma educação que lute pelo combate do racismo a partir da valorização da cultura africana e afro-brasileira, atendendo as exigências da Lei 10.639 – que visa reconhecer, estudar e valorizar a cultura africana, a história da África e a história da cultura afro-brasileira.

RECURSOS E MATERIAIS NECESSÁRIOS

Para suporte ao professor, utilizar a referência do livro **Trajetórias do Africano em Território Brasileiro**, nas páginas 17 a 29 (Unidade 2 – Identidade racial) e 55 a 62, que compreendem os seguintes tópicos:

- A cultura africana no cotidiano brasileiro;
- O racismo;
- Racismo é crime inafiançável e imprescritível.

Especificamente nesta sequência didática, o foco estará no cabelo como forma de usar o corpo – que é um dos mais notáveis espaços de representação e expressão de uma cultura, como exemplificação.

Agora acompanhe esse conteúdo que selecionamos especialmente para você e estude sobre o assunto:

> O cabelo tem sido uma questão na nossa sociedade. Brancos e negros estão assim afetos aos imperativos ideológicos dos cabelos, além deles demandarem cuidados e mimos. Portanto, antes de proporrmos atividades para as crianças e jovens, convém que educadores e educadoras façam uma imersão nesse tema, pensem como lidam individualmente com o próprio cabelo, nos

padrões de cabelos belos e desejáveis, como vemos ou sentimos os cabelos dos afro-brasileiros e africanos. (FUNDAÇÃO ROBERTO MARINHO. A cor da cultura – Saberes e Fazeres – Modos de Interagir. 1ª Edição. Rio de Janeiro: 2006, p. 65. Disponível em: http://www.acordacultura.org.br/sites/default/files/kit/Caderno3_ModosDeInteragir.pdf. Acessado em 07/11/2017.)

AULA 1 – Texto: O cabelo "fala" por você / Poesia: Respeitem meus cabelos, brancos.

Sugestão de Atividade:
- Cartolina – uma por dupla);
- Materiais diversos para escrever, desenhar e pintar;
- Elaboração do bilhete a ser enviado para casa (providenciar uma cópia por aluno);

AULA 2
- Materiais para cabelo: escova e pente, spray colorido, gel, presilhas, fitas, elásticos, piranhas, etc.;
- Equipamento para registro fotográfico;

AULA 3
- Impressões das fotografias registradas na aula anterior;
- Papel pardo – ou papel Kraft;
- Cola;
- Materiais diversos para escrever, desenhar e pintar;

DESENVOLVIMENTO / ETAPAS

AULA 1 – O cabelo.
Duração: 1h40

1ª Atividade: O cabelo "fala" por você.
Organize os alunos de forma coletiva – sentados no chão, em círculo – para ouvir a sua leitura, ou executar a atividade em uma área externa, por exemplo.

O CABELO "FALA" POR VOCÊ – A natureza criou os fios da cabeça para ajudar você a sobreviver. Por isso, não são um simples enfeite. Todavia, as diversas culturas os transformaram em sinal de beleza e meio de expressão. Quando o ser humano ainda vivia em cavernas, os cabelos tinham uma função vital: proteger o cérebro do calor do sol. Nas regiões quentes e secas do planeta, eles tendiam a ser mais crespos e mais armados, formando uma cobertura protetora. Nas áreas frias e úmidas, os cabelos lisos ajudavam a escorrer a água das chuvas. O tipo do cabelo (crespo, liso ou ondulado) depende do formato do folículo onde nasce o cabelo. Temos cerca de 100.000 fios que cobrem a cabeça e 5 milhões de pêlos espalhados pelo corpo. São uma herança de nossos antepassados, que precisavam deles para aquecer a pele e se protegerem da chuva. Os pelos nascem como célula viva, mas quando chegam à flor da pele já estão mortos. Por isso, você não sente dor na hora de cortá-los. A cor dos cabelos depende da quantidade de melanina produzida. Os cabelos pretos contêm muita melanina, e os louros, pouca. Os cabelos ruivos têm essa cor em consequência de um gene especial, responsável pela produção de um pigmento avermelhado. A civilização, com seus chapéus e guarda-chuvas, aposentou as funções originais do cabelo, que viraram, então, símbolo de beleza, marca de identidade grupal e meio de expressão artística. Do corte rente dos militares às trancinhas africanas, pode-se manifestar muita coisa, devido ao estilo do cabelo. O cabelo "fala" por você! (FUNDAÇÃO ROBERTO MARINHO. A cor da cultura – Saberes e Fazeres – Modos de Interagir. 1ª Edição. Rio de Janeiro: 2006, p. 65. Disponível em: http://www.acordacultura.org.br/sites/default/files/kit/Caderno3_ModosDeInteragir.pdf. Acessado em 07/11/2017.)

Proponha uma conversa com a turma a partir de perguntas, como: você já observou os cabelos das pessoas? Porque são tão diferentes? Só os cabelos são diferentes nas pessoas? O que mais você observou de diferente? Será que conseguimos ver beleza em cabelos diferentes ou sempre pensamos que o bonito tem um único jeito de ser? Você já sentiu preconceito contra seu cabelo? Como se sentiu?

2ª Atividade: Respeitem meus cabelos.

Organize os alunos em duplas.

Entregue uma cópia da poesia para cada dupla. Oriente-os a ler em dupla e a ilustrar os versos que escolherem na cartolina, copiando-os de forma criativa, juntamente com o desenho que produzirem.

Respeitem meus cabelos, brancos

Chico César

Respeitem meus cabelos, brancos

chegou a hora de falar

vamos ser francos

(...)

cabelo veio da África

junto com meus santos

benguelas, zulus, gegês

rebolos, bundos, bantos

batuques, toques, mandingas

danças, tranças, cantos

respeitem meus cabelos, brancos

se eu quero pixaim, deixa

se eu quero enrolar, deixa

se eu quero colorir, deixa

(...)

Enviar para casa um bilhete que será elaborado pela turma convidando os pais, mães, avós, avôs e demais parentes para dois temas:

a) contarem como lidam com seus cabelos, se já sentiram preconceito e como agem em relação a isso;

b) participarem de uma "oficina do cabelo", ensinando as meninas a trançarem os cabelos, respeitando a diversidade e as características de cada tipo – principalmente do cabelo crespo – para que sejam reconhecidos como muito bonitos.

c) incluir no bilhete o pedido para alguns materiais para cabelo, como: escova e pente, spray colorido, gel, presilhas, fitas, elásticos, piranhas, etc.;

AULA 2 – Cabelo ruim? Ruim é quem diz isso...

Duração: 1h40

1ª Atividade: Recebendo nossos convidados.

Organize os alunos de forma coletiva para receber os familiares que aceitaram o convite para conversar e interagir com a classe sobre o mote "cabelo".

Fomente os debates levando-os a refletir quanto preconceito é revelado quando uma pessoa ofende outra por causa do cabelo. Peça que os adultos mostrem formas de reagir ao preconceito e também formas de não serem preconceituosos. Dê enfoque para a reflexão: Nem sempre os cabelos crespos foram aceitos na sociedade. Por quê?

2ª Atividade: Nossos lindos cabelos.

Organize os alunos e os convidados.

Nesse dia, monte uma verdadeira "oficina", na qual familiares e professores tenham chance de cuidar dos cabelos das crianças afro-brasileiras: tocar, pentear, arrumar, trançar, enfeitar... Peça que as meninas tragam piranhas, presilhas, elásticos, fitas, etc., para os penteados e que os meninos tragam spray colorido e/ou gel para terem a oportunidade de brincar com os cabelos. Tire fotos da turma com os cabelos sendo produzidos e depois de prontos.

AULA 3 – Fazemos a nossa história de respeito à diversidade.
Duração: 1h40

1ª Atividade: Nós e nossas fotografias.

Organize os alunos de forma coletiva.

Permita que todos os alunos vejam a coleção de fotografias tiradas no dia da "oficina do cabelo". Estimule-os a conversar, discutir, comentar suas impressões e sentimentos sobre a visita que receberam dos familiares e professores, e também sobre como se viram com os cabelos produzidos. Instigue-os a pensar no corpo como um espaço de representação e expressão cultural – inclusive é por isso que nossas pinturas corporais, vestimentas, etc., fazem parte desse todo que diz ao mundo quem nós somos. Leve-os a concluir sobre a importância do respeito e da valorização da diversidade, bem como da pluralidade como fatores muito importantes na composição da nossa cidadania.

2ª Atividade: A beleza de sermos valorizados e respeitados.

Organize os alunos de forma coletiva no pátio.

Abra uma grande folha de papel Kraft no chão do pátio e distribua as fotografias de forma que cada um fique com ao menos uma foto sua. Oriente-os a colar as fotografias compondo molduras coloridas e elaborando legendas que contenham o que foi realizado na aula anterior, e as mais importantes descobertas sobre o respeito e a valorização da diversidade e da pluralidade. Peça também que registrem todos os nomes, a data da produção do trabalho, e que pensem em um título para esse grande painel. Exponha o trabalho em uma área da escola na qual todos possam apreciar o resultado.

ATIVIDADES COMPLEMENTARES

1. Exponha o painel produzido na Aula 3 em um dia que os familiares sejam convidados a irem até a escola. Elabore com a classe um convite para que todos admirem a exposição do painel.

AFERIÇÃO DE APRENDIZAGEM

Nessa etapa de conquistas das aprendizagens de seus alunos, é muito importante priorizar a avaliação processual, que ocorre de forma contínua. Os registros escritos e organizados por você são a forma mais segura e sistemática para o acompanhamento do processo e, assim, realizar ajustes nos procedimentos de seu trabalho.

Nesta sequência didática seus alunos foram chamados para diversas ações, tais como: conversar, falar e ouvir, expor suas opiniões e sentimentos, interagir com os pares e com adultos, fazer perguntas, interpretar poesia, fazer registros escritos e também através de ilustrações, montagem de painéis, além do trabalho coletivo e também em duplas, etc. Trata-se de uma gama de possibilidades no processo de aprendizagem dos alunos, relacionadas às ações que essa sequência didática provoca.

Verifique os conhecimentos adquiridos e, inclusive, como se alteraram os conhecimentos prévios, considerando os registros das discussões que realizaram ao longo das atividades propostas até aqui.

Mas você, professor, sabe que não para por aí: seus alunos também podem ser avaliados quanto às conquistas e aprendizagens procedimentais vinculadas às atitudes que desenvolveram e ampliaram durante todos os processos que cercaram os vários trabalhos. Essas ações requerem sempre a necessidade de vivências, de momentos concretos, para exercitarem a capacidade de atuação como sujeitos responsáveis, solidários e participativos. Vale ainda destacar que seu papel no processo de avaliação é fundamental, já que cabe ao professor o procedimento investigativo do trabalho pedagógico. É você quem intermedia as atividades, instiga a turma e a cada aluno; é você quem faz as perguntas desafiadoras, ouve e acolhe as respostas, reposiciona novas questões, analisa o que sabem agora e compara com os conhecimentos anteriores, considerando – nesse contexto – todos os avanços coletivos e individuais.

Você também poderá propor aos alunos uma autoavaliação. Adapte a lista abaixo e discuta com a sua turma:

- Como foi a minha participação nas atividades?
- Consegui expor meus sentimentos e opiniões?
- Consegui ouvir meus colegas?
- Fui capaz de acolher os sentimentos dos colegas?
- O que descobri sobre as formas de respeitar e valorizar as diferenças?

Planos Pedagógicos - 6º ao 9º ano

PROJETO AFRICANIDADE
Elaborado por: Cleusa Rodrigues, Evander Gelaim e Miriam Batista

Para impactarmos a proposta deste projeto em um espaço de integração na sala de aula, podemos elencar nove (9) atitudes com vista a alcançar o objetivo, propomos a parceria entre os colegas professores e estudantes para acolhimento e criatividade:

1. Os professores podem ter liberdade para escolherem a maneira como gostariam de trabalhar e despertar o prazer nos estudantes que permitam que eles participem da criação do ensino aprendizagem;
2. Devemos criar um ambiente propício para o desenvolvimento do projeto;
3. Os professores poderão utilizar os materiais didáticos e poderão utilizar as paredes da sala de aula, quadros de informações, filmes que sejam pertinentes aos assuntos desenvolvidos, poesia, teatro, bingos, jogos da memória e leituras e discussões de textos;
4. É importante dispor ao alcance dos alunos os materiais para pesquisas e leituras. Que tal criarmos um espaço como pátio, sala de leitura e sala de informática?;
5. Os professores devem mediar os conflitos para que haja harmonia entre discentes e docentes, docentes e docentes e discentes e discentes.
6. Os professores poderão fazer exposição do trabalho e feira cultural, mobilizando toda a comunidade escolar;
7. Os alunos farão apresentação de todo trabalho apresentando para os pais, em um espaço para que toda escola conheça o trabalho realizado pelos alunos em sala de aula;
8. Os alunos serão avaliados pelo engajamento, apresentação dos conteúdos de pesquisa, desenvoltura e organização em todo processo do ensino e aprendizagem;
9. A união e diálogo entre as disciplinas: arte, educação física, geografia, ciências, história e matemática;

SEQÜÊNCIA DIDÁTICA - 6° ano Ensino Fundamental Ciclo II

Elaborado por: Cleusa Rodrigues, Evander Gelaim e Miriam Batista

Título da seqüência didática: " Herança Cultural negra"
A Base Nacional Curricular (BNCC), apresenta para o 6º ano do Ensino Fundamental, Ciclo II, Unidade 04 "A influência Cultural negra". Acompanhe abaixo a seleção dos objetos do conhecimento e das habilidades a serem trabalhadas, que tem duração de 04 (quatro) aulas.

OBJETIVOS DA APRENDIZAGEM	
Objetos de conhecimento	**Habilidades**
Compreender a diversidade cultural, respeitar as diferenças culturais e históricas e utilizar o corpo como representação e expressão de uma cultura	(EF03HI03) - Identificar e comparar pontos de vistas em relação a eventos significativos do local em que vive, aspectos relacionados a condições sociais e á presença de diferentes grupos sociais e culturais, com especial destaque para as culturas africanas, indígenas e de migrantes.

OUTROS OBJETIVOS:

• Propor e contribuir de modo efetivo para a valorização da cultura africana e afro-brasileira;

• Desenvolver uma temática que associe os conceitos de cidadania para a conquista dos direitos dos povos e da sociedade, compreendendo o contexto histórico;

• Compreender mais sobre a cultura africana para perceber que todo brasileiro tem um pouco da África dentro de si;

INTRODUÇÃO

Ao investigar e descobrir sobre diferentes grupos étnicos que compõem o lugar onde se vive, o aluno tem a oportunidade do contato com variadas formas de produções culturais. Esse contato trás o conhecimento distante e abstrato, promovendo a interação do aluno com uma rica diversidade cultural, especialmente no que se refere à cultura africana. O foco deste trabalho é o conhecimento e a compreensão sobre história dos afro descendentes e a história da África, desenvolvendo atitudes, valorização e respeito às pessoas negras, à sua descendência africana, à sua cultura e a sua trajetória histórica.

Essa é uma forma de lutarmos contra o processo de exclusão social e incorporação do preconceito, a partir de ações afirmativas que valorizam a diversidade cultural de todas as crianças, incluindo a criança negra. A herança cultural negra no Brasil disseminou-se a partir dos escravos africanos trazido para cá no período colonial. A cultura européia, tida como branca predominava em nosso país e não dava margem aos costumes africanos, os quais eram discriminados. No entanto, em meio a resistência, adaptações e lutas , os negros venceram e continua nesse processo para superação de todo o racismo em nossa sociedade.

É importante, ressaltar que as práticas desses escravos africanos eram diferenciadas, pois eles eram oriundos de pontos diferentes do continente africano. Apesar da origem diversa dos escravos africanos, dois grupos se destacaram no Brasil: Os Bantos e os Sudaneses. Os bantos foram assim classificados devido a relativa unidade linguísticas dos africanos oriundos de Angola, Congo e Moçambique.

Essa seqüência didática atende as exigências da Lei 10.639/2003, que tem por objetivo reconhecer, estudar e valorizar a cultura africana, a história da África e da cultura afro-brasileira.

Recursos e materiais necessários

- Mapas;
- Papéis diversos: folhas de sulfite, cartolina, papel pardo;
- Giz;
- Lousa;
- Computador;
- Projeção e data show;

Seqüência didática

- A influência Cultural negra
- Biótipo
- Anemia falciforme
- Religião Afro-brasileira

Como suporte para "A influência Cultural negra", o professor pode utilizar a referência do livro "Trajetórias do Africano no espaço afro-brasileiro", nas páginas 17 à 29 Unidade 2, e para Biótipo um diálogo nas páginas 45,46,47 e 48 do livro.

Atividade aula 01 - A influência Cultural negra

a) Roda de leitura
- " O cabelo "fala" por você" (páginas 170 e 171)
- Interpretação crítica e oral do texto.

b) Levantar dados a partir do conhecimento dos alunos

c) Proposta de Intervenção:
- Por que os cabelos são diferentes?
- Será que conseguimos ver beleza em cabelos diferentes ou sempre pensamos que o bonito tem um único estereótipo de beleza?
- Alguém já foi vítima de preconceito por causa do cabelo?

Atividade aula 02 - Biótipo

O professor pode promover diálogos e histórias em quadrinhos como exemplo a atividade:

"o meu cabelo não é pixaim e nem duro"

" o meu nariz não é chato, fornalha"

" e eu não sou beiçudo"

"Imagem ilustrativa - Personagens da história das páginas citadas."

Atividade aula 03 - Anemia Falciforme

Etapa 01 - Nesta atividade o professor deverá ouvir dos alunos o que sabem ou se já ouviram falar sobre "Anemia Falciforme"

Etapa 02 - Anota na lousa tudo o que sabem a respeito do assunto.

Etapa 03 - Destaque no texto a maior quantidade possível de palavras contidas (página 49)

Etapa 04 - Em seguida sugira que anotem o significado de cada palavra sem interferir nas respostas.

Etapa 05 - Nesta seqüência didática o professor deverá escolher alguns alunos para fazerem a leitura do texto na íntegra, para que percebam a importância de estarmos bem informados a respeito de determinados assuntos.

Atividade aula 04 - Religião afro-brasileira

O professor deverá apresentar aos alunos as variedades de religiões existentes no Brasil e mostrar aos descentes as religiões afro-brasileiras.

Em seguida, pedir aos alunos que recriem a história contada em sala de aula, levando em consideração o ensino-aprendizagem desenvolvidos na página 51 e 52 do livro "Trajetórias do africano em território brasileiro".

O professor poderá retomar com os alunos os textos lidos anteriormente e solicitar que criem poemas ilustrados a partir do que aprenderam.

Explique como se dá a construção dos poemas e que a divisão pode ser desenvolvida em versos e estrofes.

É IMPORTANTE FAZER A ILUSTRAÇÃO.

Redefinição das atividades
- Preparar uma sala
- Expor poemas para que a comunidade escolar possa fazer visitações
- Apresentar um sarau para a comunidade escolar com os jovens protagonistas.
- Avaliação deverá ser contínua: pela desenvoltura e habilidade na leitura, escrita, oralidade, criatividade, desenvoltura e organização.

Avaliação de aprendizagem:

A avaliação deve ser processual e contínua.

Os registros devem ser organizados constantemente, por isso avalie sempre as atividades e resultados das ações propostas na sala de aula e pesquisa de campo, dessa fórmula ficamos de olho nas conquistas, nos desafios e nos pontos de aprendizagem que estarão sendo desenvolvidos.

No encerramento do programa podemos fazer uma roda de conversa para avaliação e apreciação com os estudantes para saber o que aprenderão na prática e como podem ensinar, a auto avaliação também é um instrumento muito importante entre os pares: Professor X Aluno / Aluno X Aluno / Aluno X Professor.

Seqüência didática 7° ano Ensino Fundamental Ciclo II

Elaborado por: Cleusa Rodrigues, Evander Gelaim e Miriam Batista

Título da Seqüência Didática: O continente Africano dos grandes Impérios.
A Base Nacional Comum Curricular (BNCC) apresenta para o 7º ano do Ensino Fundamental, Ciclo II Unidade 01 - O continente Africano dos grandes Impérios. Acompanhe no quadro a seleção dos objetos do conhecimento e das habilidades a serem trabalhadas nesta seqüência didática que tem duração de 04 (quatro) aulas.

OBJETIVOS DA APRENDIZAGEM	
Objetos de conhecimento	**Habilidades**
Diversas sociedades africanas autônomas, algumas sociedade pré coloniais, a política de extração do ouro, o comércio e produtos derivado da palmeira. A história da Etiópia, a plantação de cacau, o Senegal e o Congo.	(EF07HI03) - Identificar aspectos e processos específicos das sociedades africanas e americanas, antes da chegada dos europeus com destaque para as fórmulas de organização social e o desenvolvimento de saberes e técnicas, discutir a importância da participação da população negra na formação econômica, política e social do Brasil.

Outros objetivos:

• Conhecer o mapa da África e ter a oportunidade de aprender o nome dos países;
• Explorar o conhecimento baseado nas páginas de 8 à 16 do livro "Trajetórias do africano em território brasileiro";
• Selecionar palavras chave para considerações do confronto de saberes;
• Organizar grupos para divisão da pesquisa;
• Os Impérios do Continente Africano;
• Contribuições gerais dos Impérios;
• Bandeiras, cores e significados;

Introdução

Os Impérios africanos foram formações de Estado que abrangiam vários povos em uma só entidade. Está formação se dava normalmente por meio de conquistas. Foram numerosos e importantes nas suas relações comerciais, políticas e culturais, e cabe-nos conhecer nossa história precisamos conhecer a origem do povo africano.

É importante dizer que a África não é só constituída apenas por animais-símbolos (como leões, girafas, zebras e elefantes) e tribos com homens negros nus em caçadas primitivas.

O continente africano é soberano em grandes civilizações, mesmo antes da chamada Era Cristã.

Grandes Impérios ali floresceram na era antes de Cristo, na idade média e nos séculos seguintes. Por vários motivos declinaram guerras civis, fragmentações políticas ou pela chegada dos colonizadores.

Além disso, a África foi desde a antiguidade procurada por povos de outros continentes, que buscavam as suas riquezas como sal e ouro.

A história da África é grandiosa e cheia de conflitos étnicos, políticos e sociais. Durante a Idade média. a África conseguiu desenvolver grandes Império como o de Gana que dominou a África Ocidental.

Mali - Considerado um dos mais poderosos da história da humanidade; além da civilização Egípcia.

Nigéria - É um país localizado á África Ocidental, como um território um pouco maior que o Estado de Mato Grosso.

Etiópia - País encravado no Chifre da África sendo um dos mais antigos do mundo. É a segunda nação mais populosa da África.

Egito - Conhecido como a dádiva do Nilo, (principal rio que corta e dá vida ao deserto do Egito), o país é localizado entre o Nordeste da África e o Oriente Médio.

Senegal - É um país localizado na África Ocidental, faz fronteira com o oceano Atlântico.

Congo - Chamado de Reino de Congo ou Império de Congo, (chamado várias vezes de Kongo, para diferenciar dos atuais países) foi um estado pré-colonial africano no sudoeste da África no território que hoje corresponde ao noroeste de Angola, parte Ocidental da República Democrática.

Recursos e materiais necessários

• Mapa da África com os nomes dos países "Trajetórias do africano em território brasileiro" você pode acessar o mapa nos endereços abaixo: http://www.baixarmapas.com.br/mapa-da-africa;
• Dicionários;

- Giz;
- Lousa;
- Computadores e datashow;
- Cartolina, lápis de cor, giz de cera
- Livro "Trajetórias do africano em território brasileiro";

Seqüência didática
Será dividida em 04 (quatro) aulas.

ATIVIDADE 01
a) Apresentar aos alunos o mapa com os nomes dos Continentes localizado na Unidade 01.
b) Conversar e abrir um espaço para discussão confrontando saberes e opinião dos estudantes e mediação do professor.

ATIVIDADE 02
a) Formação dos grupos para desenvolver e elaborar as pesquisas que se referem aos países.
b) Nesta atividade o professor permitirá aos grupos que escolham de maneira democrática os países nos quais poderão pesquisar usando: Textos (páginas de 8 à 16) do livro "Trajetórias do africano em território brasileiro", internet, textos relacionados e outros materiais que facilitem a pesquisa.

ATIVIDADE 03
a) Os alunos farão as escolhas das bandeiras, pesquisarão sobre o elemento, cores e sua representatividade. O professor deverá orientar os alunos para a pesquisa, como por exemplo, "A bandeira de Mali, é tricolor vertical invertida, dividida igualmente em: verde, ouro e vermelho".
b) Os alunos pesquisarão as bandeiras de: Mali, Nigéria, Etiópia, Egito, Gana, Senegal e Congo.

ATIVIDADE 04
Os estudantes deverão apresentar o trabalho com as bandeiras, suas histórias e contribuições.

O trabalho será levado para a exposição para a apreciação da Comunidade escolar.

Além do seminário que será desenvolvido com os grupos em um espaço apropriado e definido pelo professor e estudante, sendo o docente o mediador do ensino-aprendizagem.

AVALIAÇÃO DE APRENDIZAGEM

A aprendizagem dos alunos é muito importante para priorizar a avaliação processual, que ocorre de forma contínua.

Os registros feitas pelo professor é a forma mais sistemática, tanto para o acompanhamento do processo, quanto para a retomada nos procedimentos onde o aluno poderá fazer uma auto-avaliação oral ou escrita.

Seqüência didática 8° ano Ensino Fundamental Ciclo II

Elaborado por: Cleusa Rodrigues, Evander Gelaim e Miriam Batista

Título da Seqüência Didática: Nós e a África

A Base Nacional Comum Curricular (BNCC) apresenta para o 8º ano do Ensino Fundamental, Ciclo II, Unidade 01 - "As pessoas e os grupos que compõem a cidade e o município" Acompanhe no quadro a seleção dos objetos do conhecimento e das habilidades a serem trabalhadas nesta seqüência didática, que tem duração de 4 aulas.

OBJETIVOS DA APRENDIZAGEM	
Objetos de conhecimento	**Habilidades**
O "eu", o "outro" e os diferentes grupos sociais e étnicos que compõem a cidade: os desafios sociais, culturais e ambientais da cidade em que se vive	**(EF03HI03)** - Identificar e comparar pontos de vistas em relação a eventos significativos do local em que vive, aspectos relacionados a condições sociais e à presença de diferentes grupos sociais e culturais, com especial destaque para as culturas africanas, indígenas e de migrantes.

Outros objetivos:

- Vivenciar atividades nas quais esteja envolvida a ação do respeito pelas mais diferentes origens e histórias dos diversos grupos sociais;
- Identificar alguns países do continente africano no mapa para elaboração de legendas;
- Conhecer significados de algumas palavras de origem africana, presentes em nosso vocabulário;
- Interagir com os alunos sobre: Racismo, preconceito, estereótipo e discriminação; (página 61) do livro;

Introdução

Ao investigar e descobrir sobre diferentes grupos étnicos que compõem o lugar onde se vive, o aluno tem a oportunidade do contato com variadas formas de produções culturais. Esse contato extrapola o conhecimento distante e abstrato, promovendo a interação do aluno com uma rica diversidade cultural, especialmente no que se refere à cultura africana.

O professor deverá transmitir aos alunos a importância da cultura vinda de diversas partes da África, não apenas a religiosa, mas a música, dança, linguagem e culinária.

O principal objetivo é promover a descoberta sobre os diferentes grupos étnicos que compõem o lugar para que tenha conhecimento sobre as variadas produções culturais.

Esse contato trás o conhecimento distante e abstrato, promovendo a interação do aluno com uma rica diversidade cultural, especialmente no que se refere à cultura africana.

Essa seqüência didática atende as exigências da Lei 10.639/2003, que tem por objetivo reconhecer, estudar e valorizar a cultura africana, a história da África e da cultura afro-brasileira.

As desigualdades sociais construídas historicamente com base na exploração econômica, na violência e na escravidão, geraram um modo desigual de pensar e agir.

Várias são as incompreensões entre os termos preconceito, racismo e discriminação.

O preconceito racial tem moldado as sociedades desde o início dos tempos e ainda persiste na contemporaneidade. Na tentativa de superar o racismo, as sociedades modernas elaboraram e aprovaram legislações para garantir que a dignidade humana de todos os negros seja respeitada, assim como todos o seus direitos de cidadãos.

No Brasil, a Constituição de 1988 - no Art. 5º, inc XlII - passou a considerar a prática do racismo como crime inafiançável e imprescritível.

Recursos e materiais necessários
- Letras de músicas;
- Receitas;
- Linguagens;
- Dicionário africano;
- Palavra Cantada (página 158);
- Bingos de palavras (Exemplos: abadá, aché, dendê, macumba);

Seqüência didática
- A cultura africana no cotidiano brasileiro

- O racismo
- Racismo é crime e inafiançável

Como suporte para "A influência Cultural negra", o professor pode utilizar a referência do livro "Trajetórias do Africano no espaço afro-brasileiro", nas páginas 17 à 29 Unidade 2, e 55 à 62, que compreendem os tópicos acima citados.

A seqüência didática de desenvolvimento deste processo de ensino e aprendizagem será proposta em quatro etapas, cujo uma completará idéia da outra, num espaço que promova a aprendizagem e leve os estudantes aprender, a ser, conviver, conhecer e fazer as atividades.

Atividade aula 01 - Estratégia

O professor deverá perguntar aos alunos o que sabem sobre a origem e significado das palavras que serão escritas na lousa e realizar um bingo de palavras.

- Moleque " filho pequeno" ou garoto;
- Caçula - O último da família;
- Cafuné - acariciar;
- Dengo - Manha/meiguice;
- Quitanda - Local onde se vende frutas, legumes e verduras;
- Fubá - Farinha feita com milho;
- Cachaça - água ardente feita de cana de açúcar;
- Dendê - Óleo de palma (popular da culinária)
- Aché - Assim seja ou boa sorte;
- Muvuca - Aglomeração/celebração;
- Cuíca - Tambor
- Abadá - Curtir para pular carnaval;
- Cachimbo - Instrumento usado para tabaco;
- Macumba - Refere-e a um instrumento musical;

• O professor deverá chamar a atenção da classe para o preconceito existentes com algumas das palavras acima estudadas.

> **CURIOSIDADE:**
> • A palavra "moleque" era um modo de se chamar os filhos, com o passar do tempo, a palavra passou a ser usada de forma pejorativa devido ao preconceito existente contra tudo que era próprio do negro, inclusive a maneira de como chamava os filhos (...) "Trajetórias dos africanos em território brasileiro" (página 55).
> • Antes da abolição da escravidão, chamar uma criança de branca de moleque era considerado ofensa.

O professor deverá promover um bingo de palavras de origem africana, com no mínimo quinze palavras (sugestão de palavras nas páginas 55 e 56) do livro "Trajetórias do Africano no espaço afro-brasileiro".

Atividade aula 02 - Palavra cantada "África" (páginas 158 e 159)
Atividade aula 03 - Contribuição na música e dança

a) O professor deverá levantar informações sobre os gêneros musicais dos estudantes;
b) Levantar uma pesquisa;
c) Falar sobre ritmos e danças;
d) Quais os instrumentos de preferência (páginas 57 e 58) do livro;
e) O que sabem a respeito da capoeira, que mistura dança, luta e música (página 58) do livro;
f) Oficina para confecção de instrumentos musicais como: afoxé, agogô e atabaque.

Atividade aula 04 - Culinária

a) Os alunos serão envolvidos em uma roda de conversa sobre as típicas culinárias da África brasileira. É importante que o professor fale sobre os temperos e hábitos, sobre as comidas e se já comeram alguns desses alimentos que surgiram a partir dessa culinária (páginas 59 e 60) do livro, veja alguns exemplos:
• Acarajé: Bolo de feijão fradinho, temperado e moído com sal, cebola e camarão seco, frito em azeite de dendê.
• Vatapá: Papa de farinha de mandioca temperado com azeite de dendê e pimenta, servida com peixes e crustáceos.
• Feijoada: Preparada de acordo com o gosto de cada um, surgiu nas senzalas. Era feita pelos escravizados, que cozinhavam o feijão nas horas de seus raros intervalos - aproveitando os restos do porco (orelha, pé e rabo), jogados fora pelos seus senhores. O professor deverá apresentar aos alunos uma receita de cuscuz de tapioca que será anotado na lousa (página 164).

É IMPORTANTE QUE O PROFESSOR CHAME A ATENÇÃO DOS ALUNOS PARA O VERBO NO TEMPO IMPERATIVO, ISSO SIGNIFICA QUE, PARA DESENVOLVER UMA RECEITA, NÃO SE DEVE ACRESCENTAR INGREDIENTES A MAIS OU A MENOS DO QUE ESTÁ DETERMINADO NA RECEITA.

Exemplos: "acrescente, misture, coloque", "mexa" etc.
b) Os alunos poderão apresentar receitas da culinária africana.

AVALIAÇÃO DA APRENDIZAGEM

• Os alunos serão avaliados pelo engajamento, apresentação dos conteúdos de pesquisa, desenvoltura, organização da seqüência didática como brincar, interagir, ouvir e perguntar.

• Nesta etapa da aprendizagem, é muito importante que a avaliação seja processual e de forma contínua.

Seqüência didática 9° ano Ensino Fundamental Ciclo II

Elaborado por: Cleusa Rodrigues, Evander Gelaim e Miriam Batista

Título da Seqüência Didática: Contribuições africanas para a sociedade colonial Brasileira

A Base Nacional Comum Curricular (BNCC) apresenta para o 9º ano do Ensino Fundamental, Ciclo II, Unidade 03 - Caracterizar e discutir as dinâmicas do colonialismo Asiático e as lógicas de resistência das populações locais diante das questões internacionais. Acompanhe no quadro a seleção dos objetos do conhecimento e das habilidades a serem trabalhadas nesta seqüência didática que tem duração de 03 (três) aulas.

OBJETIVOS DA APRENDIZAGEM	
Objetos de conhecimento	**Habilidades**
Identificar e comparar pontos de vista em relação a eventos significativos do local em que se vive os aspectos relacionados às condições sociais e culturais com especial destaque para cultura africana.	(EF03HI03) - Identificar conexões e interações entre as sociedade do novo mundo, da Europa, África e Ásia no contexto das navegações. Indicar a complexidade e as interações dos locais diante das questões internacionais.

Outros objetivos:

• Conhecer o mapa da África com o objetivo de mostrar que o continente não é só em conglomerado de países (página 87). "Trajetórias do Africano no espaço afro-brasileiro";

• Interagir com os alunos para que aprendam que a África é dividida geograficamente em 5 (cinco) regiões;

• Reconhecer que no século XIV e XV, o Império de Songai se sobrepôs ao Império de Mali.

Introdução

Todo conhecimento do passado é também sobre o conhecimento do presente, ao entrarmos em contato com alguns desses conhecimentos, o aluno terá oportunidade de aprender sobre dinâmica dos colonizadores portugueses e dos negros no Brasil, além da contribuição que os africanos deram na cultura produtiva brasileira e como são usadas. Após a chegada dos africanos nos portos do Brasil, como eram divididos em "lotes", independente do grau de parentesco, região ou país de origem e que antes da comercialização era feita uma rigorosa seleção. É muito importante salientar que a expansão dos africanos em território brasileiro se deu seguindo as exigências de cada momento histórico.

Aqui, desejamos contribuir, de modo efetivo e especial, para uma educação que lute pelo combate ao racismo a partir da valorização da cultura afro-brasileira.

Na seqüência didática, os estudantes devem compreender a distribuição geográfica dos negros africanos nas regiões brasileiras e promover a interação dos discentes com relação a riqueza e diversidade desta cultura em território brasileiro.

Recursos e materiais necessários
• Mapas;
• Textos;
• Giz;
• Lousa;
• Computadores e datashow;
Seqüência didática
Será dividida em três etapas:

ATIVIDADE 01
a) Apresentar aos alunos o mapa geográfico brasileiro.
b) Fazer a leitura do mapa, apresentando as cidades, estados e capitais.
c) Fazer a leitura dos textos das páginas 33,34,35,36,37 do livro.

ATIVIDADE 02
a) Organizar na lousa os temas propostos:
• A técnica de Plantação bantu;
• O tráfico de negros africanos;
• A chegada dos escravizados nos portos brasileiros;

- Plantas medicinais;
- A sabedoria africana no cultivo da cana-de-açúcar (páginas 30 à 38) do livro.
b) Organizar em grupos para leitura e compreensão dos textos.

É MUITO IMPORTANTE QUE OS ALUNOS ENTEDAM A ÁFRICA COMO UM CONTINENTE E NÃO COMO UM PAÍS.

ATIVIDADE 03
O professor deverá apresentar um seminário falando sobre a importância das plantas medicinais, sua origem e a função que cada uma exerce no nosso organismo.

É MUITO IMPORTANTE QUE O PROFESSOR ORIENTE OS ESTUDANTES PARA APRESENTAREM O MATERIAL CONCRETO.

Exemplo: As folhas, chás, como cultivar e como preparar, a cana e o suco extraído, o desenvolvimento do processo de clarificação do caldo e produção do açúcar (página 36) do livro.

Vamos aqui, destacar algumas destas plantas:
- Alecrim da angola: É indicado para irregularidades do ciclo menstrual, tensão pré-menstrual, debilidade cardíaca, febre tifoide, gases intestinais, tosses, dores reumáticas e depressãao.
- Erva-doce ou funcho: É uma planta utilizada contra os problemas digestivos, tosse, cólicas, diarréias e vômitos.
- Camomila: Era utilizada para tratar a malária e também como anti-inflamatório. Tem propriedades calmantes, digestivas, colites, conjuntivite, estresse e insônia.
- Gengibre: O chá de gengibre é usado no tratamento de gripe, tosse e resfriado. Diminui a congestão nasal e tem ação antisséptica.
- Babosa: O suco das folhas é emoliente, resolutivo, e tem propriedade cicatrizante quando aplicado topicamente sobre inflamações, queimaduras, é eficaz contra a queda de cabelos. Sua polpa é anti-oftálmica (combate o calor nos olhos).
- Coco-de-dendê: Uma pesquisa da "Escola Baiana de Medicina", mostrou que o óleo de dendê diminui o colesterol e os triglicérides quando ingerido na quantidade correta ; seu excesso, porém, pode levar à obesidade.

ATIVIDADES COMPLEMENTARES
- Montagem de painéis: usar cartolina, lápis de or, giz de cera, lousa, cola e fazer gráficos;

- Organizar exposições;
- Aproveitar todos os tipos de papéis, como por exemplo, sulfite, manilha, parto, etc;

AVALIAÇÃO DE APRENDIZADO

A avaliação deve ser processual e de forma contínua. Devemos considerar o engajamento, a apresentação dos conteúdos e organização em todo o processo do ensino-aprendizagem.

Material Complementar

Diásporas Africanas

NIGÉRIA

País na África Ocidental

Nigéria, um país africano que fica no Golfo da Guiné, tem muitos monumentos naturais e reservas de animais selvagens. Áreas protegidas como o Parque Nacional do Rio Cross e o Parque Nacional Yankari têm cachoeiras, densas florestas, savanas e habitats de primatas raros. Um dos locais mais conhecidos é a Zuma Rock, um monólito de 725 metros de altura que fica perto da capital Abuja e é retratado na moeda nacional.

Capital: Abuja
População: 197,9 milhões
Moeda: Naira
Continente: África
Idioma oficial: Inglês

GANA

País na África Ocidental

Gana, nação situada no Golfo da Guiné, na África Ocidental, é conhecida pela variada vida selvagem, por seus fortes antigos e pelas praias isoladas, como Busua. As cidades costeiras de Elmina e Cape Coast têm posubans (santuários nativos), prédios coloniais e castelos transformados em museus que foram palco do comércio de escravos. Ao norte de Cape Coast, no amplo Parque Nacional Kakum, é possível caminhar em uma passarela sobre a copa das árvores da floresta.

Capital: Acra
Continente: África
Moeda: Cedi
População: 29,77 milhões
Idioma oficial: Inglês

TOGO

País na África Ocidental

Togo, uma nação da África Ocidental situada no Golfo da Guiné, é conhecido pelas praias repletas de palmeiras e pelos vilarejos no topo de colinas. Koutammakou, habitado pelo povo batammariba, é um tradicional povoado de casas de barro parecidas com fortalezas que datam do século XVII. Na capital Lomé, ficam o mercado de vários andares chamado de Grand Marché e o Mercado Akodessewa, que vende talismãs e medicamentos tradicionais relacionados à religião vodun (vodu).

Capital: Lomé
Continente: África
População: 7,889 milhões
Moeda: Franco CFA ocidental

CAMARÕES

País na África Central

Camarões, oficialmente a República dos Camarões ou República do Cameroun, é um país da região ocidental da África Central. Faz fronteira com a Nigéria a oeste; Chade a nordeste; República Centro-Africana a leste; e Guiné Equatorial, Gabão e República do Congo, ao sul.

O país é muitas vezes referido como "África em miniatura", pela sua diversidade geológica e cultural. Recursos naturais incluem praias, desertos, montanhas, florestas tropicais e savanas. O ponto mais alto é o Monte Camarões no sudoeste, e as cidades mais populosas são Douala, a capital Iaundé (em francês, Yaoundé) e Garoua. Camarões é o lar de mais de 200 grupos linguísticos diferentes. O país é conhecido por seus estilos musicais nativos, especialmente makossa e bikutsi, e pela sua bem-sucedida seleção nacional de futebol. Francês e inglês são as línguas oficiais.

Capital: Yaoundé
Continente: África
População: 25,22 milhões
Idiomas oficiais: Francês, Inglês

MALI

O **Mali**, oficialmente República do Mali, é um país africano sem saída para o mar na África Ocidental. O Mali é o sétimo maior país da África. Limita-se com sete países, a norte pela Argélia, a leste pelo Níger, a oeste pela Mauritânia e Senegal e ao sul pela Costa do Marfim, Guiné e Burkina Faso. O Mali tem uma área de 1 240 000 km² e a sua população é estimada em cerca de 19 milhões de habitantes. A capital do país é Bamaco.

Formado por oito regiões, o Mali tem fronteiras ao norte, no meio ao Deserto do Saara, enquanto a região sul, onde vive a maioria de seus habitantes, está próximo aos rios Níger e Senegal. Alguns dos recursos naturais no Mali são o ouro, o urânio e o sal. O atual território do Mali foi sede de três impérios da África Ocidental que controlava o comércio transaariano: o Império do Gana, o Império do Mali (que deu o nome de Mali ao país), e o Império Songai. No final do século XIX, o Mali ficou sob o controle da França, tornando-se parte do Sudão Francês. Em 1960, conquistou a independência, juntamente com o Senegal, tornando-se a Federação do Mali.

Capital: Bamako
Continente: África
Capital e maior cidade: Bamako
População: 19,08 milhões

ETIÓPIA

País na África Oriental

A **Etiópia**, localizada no Chifre da África, é um país de relevo irregular e sem acesso ao mar dividido pelo Grande Vale do Rift. Com achados arqueológicos que remontam a mais de 3 milhões de anos, trata-se de uma região de cultura antiga. Entre seus locais mais importantes, está Lalibela, com suas igrejas cristãs esculpidas na pedra que datam dos séculos XII e XIII. Axum é o lugar das ruínas de uma cidade antiga e abriga obeliscos, tumbas, castelos e a Igreja de Santa Maria de Sião.

Capital: Addis Ababa
População: 109,2 milhões
Continente: África
Idioma oficial: Língua amárica
Destinos: Addis Ababa, Lalibela, Gondar, Axum

REPÚBLICA CENTRO AFRICANA

A **República Centro-Africana** é um país localizado no centro da África, limitado a norte pelo Chade, a nordeste pelo Sudão, a leste pelo Sudão do Sul, a sul pela República Democrática do Congo e pela República do Congo, e a oeste pelos Camarões. A capital do país é a cidade de Bangui.

A maior parte da República Centro-Africana consiste em savanas, mas o país também inclui uma zona Sahel-sudanesa no norte e uma zona de floresta equatorial no sul. Dois terços do país estão na bacia do rio Ubangui (que desemboca no rio Congo), enquanto o terço restante está localizado na bacia do Chari, que desemboca no Lago Chade.

O que hoje é a República Centro-Africana foi habitada há milênios. No entanto, as fronteiras atuais do país foram estabelecidas pela França, que governou o país como uma colônia a partir do final do século XIX. Depois de conquistar a independência da França em 1960, a República Centro-Africana foi governada por uma série de líderes autocráticos.

Capital: Bangui
População: 4,666 milhões
Produto Interno Bruto: 2,22 bilhões USD (2018) Banco Mundial
Continente: África
Moeda: Franco CFA Central

GABÃO

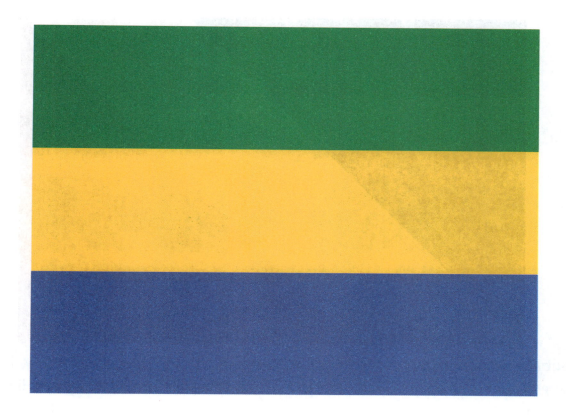

O **Gabão**, país localizado na costa do Atlântico da África Central, tem áreas substanciais de parques protegidos. A região costeira arborizada do famoso Parque Nacional Loango abriga uma diversidade de animais selvagens, desde gorilas e hipopótamos até baleias. O Parque Nacional de Lopé é constituído predominantemente de floresta tropical. O Parque Nacional Akanda é conhecido pelos manguezais e pelas praias de marés.

Capital: Libreville
Continente: África
População: 2,119 milhões
Moeda: Franco CFA Central

CONGO

A **República do Congo** (por vezes chamado Congo-Brazzaville ou Congo-Brazavile para o distinguir da vizinha República Democrática do Congo) é um país africano limitado a norte pelos Camarões e a República Centro-Africana, a leste e a sul pela República Democrática do Congo, através do Rio Congo, a sul pelo exclave angolano de Cabinda e a oeste pelo Gabão e o Oceano Atlântico. Sua capital é a cidade de Brazavile. O Congo é um país em desenvolvimento, membro da ONU, União Africana, Comunidade Económica e Monetária da África Central, ZPCAS e da Francofonia.

A região foi dominada por tribos de língua banto há pelo menos 3.000 anos, que construíram laços comerciais que levavam à bacia do rio Congo. O Congo fazia parte da colônia francesa da África Equatorial. [8] A República do Congo foi fundada em 28 de novembro de 1958, mas conquistou a independência da França apenas em 1960. Foi um estado marxista-leninista de 1969 a 1992, sob o nome de República Popular do Congo. O Estado soberano realiza eleições multipartidárias desde 1992, embora um governo eleito democraticamente tenha sido deposto na Guerra Civil de 1997.

Capital: Brazzaville
Continente: África
População: 5,244 milhões (2018) Banco Mundial
Produto Interno Bruto: 11,26 bilhões USD
Governo: República, Estado socialista, Presidencialismo

ANGOLA

Angola é um país no sul da África, com um território que abrange praias tropicais do Atlântico, além de um sistema labiríntico de rios e desertos subsaarianos que se estende até a Namíbia. A história colonial do país se reflete em sua cozinha de influência portuguesa e em marcos históricos, como a Fortaleza de São Miguel, construída pelos portugueses em 1576 para defender a capital, Luanda.

A independência do domínio português foi alcançada em 1975, depois de uma longa guerra de libertação. Após a independência, Angola foi palco de uma intensa guerra civil de 1975 a 2002, maioritariamente entre o Movimento Popular de Libertação de Angola (MPLA) e a União Nacional para a Independência Total de Angola (UNITA). Apesar do conflito interno, áreas como a Baixa de Cassanje mantiveram activos seus sistemas monárquicos regionais. No ano de 2000 foi assinado um acordo de paz com a Frente para a Libertação do Enclave de Cabinda (FLEC), uma frente de guerrilha que luta pela secessão de Cabinda e que ainda se encontra activa.[8] É da região de Cabinda que sai aproximadamente 65% do petróleo de Angola.

Capital: Luanda
Capital e maior cidade: Luanda
Moeda: Kwanza
População: 30,81 milhões
Idioma oficial: Português

SÃO TOMÉ E PRÍNCIPE

São Tomé e Príncipe, um país insular africano perto da linha do equador, faz parte de uma cadeia vulcânica com rochas e formações de corais impressionantes, além de florestas tropicais e praias. Na maior das ilhas, São Tomé, está localizada a Lagoa Azul. O Parque Natural Ôbo, uma reserva na selva com grande biodiversidade, cobre grande parte de São Tomé e distingue-se pelo Pico Cão Grande, uma rocha vulcânica semelhante a um arranha-céu.

Capital: São Tomé
Continente: África
População: 211.028
Pontos de interesse: Ilhéu das Rolas, Pico de São Tomé

COSTA DO MARFIM

A **Costa do Marfim** (em francês: Côte d'Ivoire), oficialmente République de Côte d'Ivoire, é um país africano, limitado a norte pelo Mali e pelo Burkina Faso, a leste pelo Gana, a sul pelo Oceano Atlântico e a oeste pela Libéria e pela Guiné. Sua capital é Yamoussoukro, mas a maior cidade é Abidjan

Antes de sua colonização pelos europeus, a Costa do Marfim era o lar de vários estados, incluindo Reino Jamã, o Império de Congue e Baúle. A área tornou-se um protetorado da França em 1843 e se consolidou como uma colônia francesa em 1893, em meio à disputa europeia pela África. Alcançou a independência em 1960, liderada por Félix Houphouët-Boigny, que governou o país até 1993. Relativamente estável pelos padrões regionais, a Costa do Marfim estabeleceu estreitos laços políticos e econômicos com seus vizinhos da África Ocidental, mantendo ao mesmo tempo relações estreitas com o Ocidente, especialmente a França. O país experimentou um golpe de Estado em 1999 e duas guerras civis fundamentadas religiosamente, primeiro entre 2002 e 2007 e novamente durante 2010 e 2011. Em 2000, o país adotou uma nova constituição.

Capital: Yamussucro
Continente: África
População: 25,07 milhões
Idioma oficial: Francês

BENIN

Benin, país de língua francesa da África Ocidental, é o local de origem da religião vudu (ou "vodu") e do antigo Reino do Daomé (1600 a 1900, aproximadamente). Em Abomey, antiga capital de Daomé, o Museu Histórico ocupa 2 palácios reais, com baixos-relevos que narram o passado do reino e com um trono montado sobre crânios humanos.

A capital constitucional é a cidade de Porto Novo, mas Cotonu é a sede do governo e a maior cidade do país. O país tem 112 622 km² e uma população de 10 milhões de habitantes[12] (2013). Do século XVII ao XIX, Benim foi governada pelo Reino do Daomé. Esta região foi referida como a Costa dos Escravos, desde as do século XVII devido ao grande número de escravos embarcados para o Novo Mundo durante o tráfico negreiro transatlântico.

Capital: Porto Novo
Continente: África
Moeda: Franco CFA ocidental
População: 11,49 milhões

NAMÍBIA

Namíbia, oficialmente República da Namíbia (em inglês: Republic of Namibia; em alemão: Republik Namibia) é um país da África Austral limitado a norte por Angola e Zâmbia, a leste pelo Botswana, a sul pela África do Sul e a oeste pelo Oceano Atlântico. Embora não faça fronteira com o Zimbabwe, menos de 200 metros da fronteira com a Zâmbia e Botswana separa-os em seus pontos mais próximos. O país ganhou a independência da África do Sul em 21 de março de 1990, após a Guerra de Independência da Namíbia. Sua capital e maior cidade é Vinduque. A Namíbia é um país membro da Organização das Nações Unidas (ONU), da Comunidade para o Desenvolvimento da África Austral (SADC), da União Africana (UA) e da Commonwealth.

O território da Namíbia foi habitado desde os tempos antigos pelos povos Khoisan, Damaras e Namaqua, com uma notável imigração de Bantos a partir do século XIV, no que ficou conhecido como Expansão Banta. A maior parte do território tornou-se um protetorado do Império Alemão em 1884, tendo permanecido como colônia alemã até o final da Primeira Guerra Mundial. Em 1920, a Liga das Nações transferiu sua administração para a África do Sul, que impôs suas leis ao novo território e, consequentemente, sua política de Apartheid a partir de 1948. O porto de Walvis Bay e as Ilhas do Pinguim, que haviam sido anexadas pela Colônia do Cabo sob a coroa britânica em 1878, tornaram-se parte integrante da nova União Sul-Africana em sua criação em 1910.

As crescentes demandas levantadas por líderes africanos levaram a ONU a assumir a responsabilidade direta sobre o território do país.

Capital: Windhoek
Continente: África
População: 2,448 milhões
Pontos de interesse: Parque Nacional Etosha, Sossusvlei

SOMÁLIA

Somália oficialmente República Federal da Somália e anteriormente conhecida como República Somaliana e como República Democrática da Somália, é um país localizado no Chifre da África. Faz fronteira com o Djibuti no noroeste, Quênia no sudoeste, o Golfo de Aden com o Iémen a norte, o Oceano Índico a leste e com a Etiópia no oeste. Na Antiguidade, a Somália foi um importante centro de comércio com o resto do mundo antigo. Seus marinheiros e mercadores eram os principais fornecedores de incenso, mirra e especiarias, os itens que foram considerados luxos valiosos para os antigos egípcios, fenícios, micênicos e babilônios com quem o povo Somali negociava.[7][8] De acordo com a maioria dos estudiosos, a Somália é também o local onde o antigo Reino de Punt estava localizado.[9][10][11][12] Os antigos Punties eram uma nação de pessoas que tinham relações estreitas com o Egito faraônico durante os tempos do faraó Sefrés e da rainha Hatexepsute. As estruturas piramidais, templos e casas antigas de alvenaria em torno da Somália acredita-se que datam deste período.[13] Na época clássica, várias antigas cidades-estado como Opone, Mosyllon e Malao, competiam com os sabeus, partos e axumitas pelo rico comércio indo-greco-romano que também floresceu na Somália.

Capital: Mogadíscio
Continente: África
População: 16,01 milhões
Governo: República, República federal, República parlamentarista

ÁFRICA DO SUL

África do Sul, oficialmente República da África do Sul, é um país localizado no extremo sul da África, entre os oceanos Atlântico e Índico,[7] com 2 798 quilômetros de litoral. É limitado pela Namíbia, Botsuana e Zimbábue ao norte; Moçambique e Essuatíni a leste; e com o Lesoto, um enclave totalmente rodeado pelo território sul-africano. O país é conhecido por sua biodiversidade e pela grande variedade de culturas, idiomas e crenças religiosas. A Constituição reconhece 11 línguas oficiais. Duas dessas línguas são de origem europeia: o africâner, uma língua que se originou principalmente a partir do neerlandês e que é falado pela maioria dos brancos e mestiços sul-africanos, e o inglês sul-africano, que é a língua mais falada na vida pública oficial e comercial, mas é apenas o quinto idioma mais falado em casa.

A África do Sul é uma democracia constitucional, na forma de uma república parlamentar; ao contrário da maioria das repúblicas parlamentares, os cargos de chefe de Estado e chefe de governo são mesclados em um presidente dependente do parlamento. É um dos poucos países africanos que nunca passaram por um golpe de Estado ou entraram em uma guerra civil depois do processo de descolonização, além de ter eleições regulares sendo realizadas por quase um século. A grande maioria dos negros sul-africanos, no entanto, foram completamente emancipados apenas depois de 1994, após o fim do regime do apartheid. Durante o século XX, a maioria negra lutou para recuperar os seus direitos, que foram suprimidos durante décadas pela minoria branca, dominante política e economicamente, uma luta que teve um grande papel na história e recente do país.

O país é um dos membros fundadores da União Africana, da Organização das Nações Unidas (ONU) e da Nova Parceria para o Desenvolvimento da África (NEPAD), além de ser membro do Tratado da Antártida, do Grupo dos 77, da Zona de Paz e Cooperação do Atlântico Sul, da União Aduaneira da África Austral, da Organização Mundial do Comércio (OMC), do Fundo Monetário Internacional (FMI), do G20, do G8+5 e é uma das nações BRICS. Tem ainda a melhor infraestrutura e a segunda maior economia do continente.

Capitais: Cidade do Cabo, Pretória, Bloemfontein
População: 57,78 milhões (2018) Banco Mundial
Idiomas oficiais: Africâner, Inglês, Língua zulu, Língua xhosa, MAIS
Pontos de interesse: Parque Nacional Kruger

Mapa da África antes do Canal de Suez

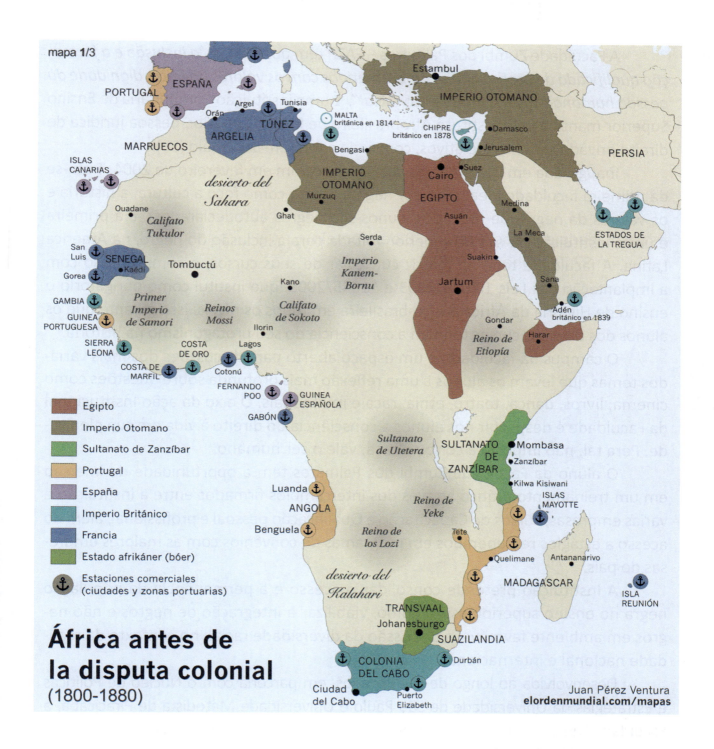

Faculdade Zumbi dos Palmares

A Faculdade Zumbi dos Palmares – FAZP tem por missão *"a inclusão e a formação qualificada de profissionais comprometidos com os valores da Ética, dignidade da pessoa humana e diversidade étnico racial"*. É uma instituição Comunitária de Ensino Superior mantida pelo Instituto Afrobrasileiro de Ensino Superior, pessoa jurídica de direito privado sem fins lucrativos, com sede e foro em São Paulo (SP).

Inaugurada em 21/11/03, as aulas começaram em fevereiro de 2004. Trata-se da primeira faculdade idealizada por negros, tendo como foco a cultura, a história e os valores da negritude (85% dos alunos são negros autodeclarados). É a primeira e única instituição de ensino superior voltada para a inclusão do negro, na América Latina. A faculdade tem, na matriz curricular de seus cursos, o compromisso com a implantação das Leis 10.639/2003 e 11645/2008, que institui como obrigatório o ensino de História da África e Afro-brasileira em todos os níveis. Isso garante que os alunos dos diversos cursos tenham a consciência do seu protagonismo na história.

O campus da faculdade é um espaço aberto para discussões dos mais variados temas que levam os alunos a uma reflexão mais profunda sobre questões como cinema, livros, dança, teatro, etnia, raça e muito mais. O eixo da ação Institucional da Faculdade é despertar nos alunos a consciência do direito à vida em sua plenitude. Para tal, não importa a cor ou a raça, vale o ser humano.

O aluno da Faculdade Zumbi dos Palmares tem a oportunidade de imersão em um treinamento prático através dos intercâmbios firmados entre a instituição e várias empresas; cursos de Capacitação e Qualificação pessoal e profissional, além do acesso a estágios remunerados em programas de convênios com as maiores empresas do país.

A Instituição pretende consolidar o acesso e a permanência da população negra no ensino superior, assim como, viabilizar a integração de negros e não negros em ambiente favorável à discussão da diversidade racial, no contexto da realidade nacional e internacional.

Desenvolvida ao longo de quatro anos, em parceria com o Núcleo de Políticas e Estratégias da Universidade de São Paulo e Universidade Metodista de Piracicaba, a Faculdade Zumbi dos Palmares nasceu como um dos vários projetos da ONG AFROBRAS – Sociedade AfroBrasileira de Desenvolvimento Sócio Cultural – com a finalidade de valorizar, qualificar, capacitar, formar, informar e dar visibilidade ao negro brasileiro.

José Vicente
Reitor

Observações

Observações